Rüdiger Schaper
Der Entertainer der Nation

Rüdiger Schaper

Der Entertainer der Nation
Harald Juhnke
zwischen Glamour und Gosse

Argon

Für J. C. & Co.

2. Auflage 1997
© 1997 by Argon Verlag GmbH, Berlin
Alle Rechte vorbehalten
Lektorat: Christiane Landgrebe
Satz: LVD GmbH, Berlin
Druck und Verarbeitung: Clausen & Bosse, Leck
ISBN 3-87024-384-8

Inhalt

AUFWÄRMNUMMER:
Boxen mit Maske oder Time to say good-bye?   7

NUMMER 1:
Leaving Las Vegas – Ein Traum wird zum Alptraum   15

NUMMER 2:
*Berlin, Friedrichstadtpalast, 24. 2. 1997 –
Harald Juhnke in concert*   33

NUMMER 3:
*Die deutsche Di – Skandale, Schlagzeilen,
Prüfungen ohne Ende*   49

NUMMER 4:
Harry – Die frühen Jahre   80

NUMMER 5:
*Er hatte noch nie gar keinen Erfolg –
Die mittleren Jahre*   105

NUMMER 6:
*Der Lustigste unter den Traurigen –
Der späte Theatererfolg*   124

NUMMER 7:
Der Trinker – Konfrontation mit Fallada   148

NUMMER 8:
My Way – Der ewige Sinatra   163

NUMMER 9:
*Marmor, Stein und Eisen bricht –
Der Star und die Liebe des Publikums*   182

NUMMER 10:
*Der Hauptmann von Köpenick –
Ein Denkmal wird wiederbelebt*   204

Literaturverzeichnis   223

Bildnachweis   225

Register   226

AUFWÄRMNUMMER:

Boxen mit Maske
oder Time to say good-bye?

> Sie waren ein gutes Publikum. Sehr gut. Ein wirklich gutes Publikum. Hinterlassen Sie mir eine Nachricht, wo Sie morgen abend arbeiten – dann komm ich und sehe SIE.
> JOHN OSBORNE, DER ENTERTAINER

Fliegt man, wie es der Fernsehwetterbericht allabendlich vorführt, in einer Tour d'horizon über dieses große, kleinmütige mitteleuropäische Land, so gerät man in verfestigte Tiefdrucksysteme lastender Depression. Es ist die Zeit der inszenierten Stürze. Es ist die Zeit der abgestürzten Inszenierungen. Den Regisseuren gleiten die Spektakel aus der Hand. In der Politik, im Sport, in den Medien, und die gesellschaftlichen Segmente beginnen ineinander zu verschwimmen, wie auf der Netzhaut, die zugleich erregt und erschöpft ist vom Zapping durch das Kanalisationssystem Fernsehen.

Da kommt Harald Juhnke ins Bild, ein vertrautes Gesicht. Es ist Winter, eine Zeit des Mißvergnügens. Harald Juhnke muß die Schlagzeilen der Saison nicht alleine liefern. Aber seine Schlagzeilen stechen heraus. Es sind die fettesten und häßlichsten Schlagzeilen einer vierzigjährigen Medienkarriere. Ein wilder Sturm. Absturz. Und Stille. Es kommt ein neuer Herbst, ein neuer Winter, und schon wird wieder abgewartet, gerätselt, spekuliert, mit welchen Drehungen und Wendungen die Fallhöhe vom letzten Spektakel alsbald noch überboten werden könnte.

Und so begann die Zeit der abgefeimten Theatralik. Mit einer Ringparabel. Henry Maske, Box-Weltmeister im

Halbschwergewicht, verliert im November 1996 in München seinen Abschiedskampf gegen den Amerikaner Virgil Hill. Weinend kauert der gewesene Champion im Ring; entgeistertes Kopfschütteln, die hilfesuchenden Blicke gehen ins Leere. Doch selbst auf diese völlig unerwartete Schlußszene des Maske-Melodrams legt sich wie Mehltau ein Schleier kalkulierter Emotionalität. Die Feier läuft, und durch die Olympiahalle zieht jetzt laut Drehbuch jene Hymne, die für einen triumphalen Ausmarsch, für den Höhepunkt einer Karriere bestellt worden war: *Time to say good-bye*. Das Lied von Sarah Brightman und Andrea Boccelli, Teil einer minutiös geplanten Gala, wird sich nachher aus dem inszenierten Rahmen lösen und den Spitzenplatz in den Hitparaden einnehmen. Aus der Niederlage wird ein Hit geboren – symptomatisch für die Eigendynamik großer Seifenopern.

Früher klang es weniger melodisch: *They never come back*, die klassische Losung für Boxer, wenn sie am Ende sind. Inzwischen aber gibt es, wie George Foreman und Mike Tyson bewiesen haben, auch Comebacks für Boxer, was den Verdacht erhärtet, daß sich das Boxsport-Business dem Showbusiness bis zum Grad der totalen Austauschbarkeit anverwandelt hat. Und in gewisser Weise gilt der Satz auch umgekehrt. Die Unterhaltungsbranche prügelt sich um Einschaltquoten, nach dem Motto aus Shakespeares *Macbeth: Fair is foul, and foul is fair*.

Maske, zu DDR-Zeiten keineswegs der herausragende Staatsamateur, ist eine geklonte Figur aus dem gesamtdeutschen Labor. Ein Saubermann. Kein Schläger, kein Großmaul, eine Trinkerlaufbahn nach der Boxkarriere, in die sein Trainer Manfred Wolke zu seiner Zeit gestürzt war, ist bei Maske nicht recht vorstellbar. Derartiges wäre seinem Image und damit seinen Verdienstmöglichkeiten absolut abträglich. Maske hat in München schlecht gekämpft. Er wirkte gelähmt, abwesend, das taktische Meisterstück schien totgeprobt und überreizt – ein exemplarischer Fall, wie die Inszenierung den Protagonisten auspowert, wie die Medien-Maschinerie einen Protagonisten überfordert, wie ein Sportler seinen Sport preisgibt, mit höchstem Profit allerdings. Der Fernsehsender RTL kassierte den Rekordpreis von 300 000 DM pro Einheit in den Werbeblöcken, in denen Henry Maske, der für Mundwasser und Shampoo auftritt, als Model buchstäblich neben sich stand.

Ein Star wollte Henry Maske sein. Aber in Deutschland, der Nation der Neider, gibt es keine Stars, es gibt nur manchmal Helden. Und Helden haben keine allzu lange Lebenserwartung. »Helden müssen fallen. Helden müssen geopfert werden«, schreibt der Theaterregisseur Einar Schleef: »Das antike Theater, noch dem Menschenopfer nahe, feiert den Tod seiner Figuren. Shakespeare bereitet auch noch Hackfeste, doch meist bietet er den gemischten Schaschlikspieß an, wo einen jedes Abstechen freut.«

Die Laufbahn des Schauspielers und Showmenschen Harald Juhnke gleicht einem Fight über eine noch nicht festgelegte Zahl von Runden. Dabei hat sich der kämpferische Komiker bereits mehrfach selbst überrundet. Er ist ein Steher, ein Aufsteher, ein Wiederauferstehungswunder. Solche unwahrscheinlichen Nehmerqualitäten hat er seinem Freund Bubi Scholz voraus. Der ehemalige Box-Europameister aus Berlin war schon tief gestürzt, als er im Vollrausch seine Ehefrau Helga erschoß. Und was hat Juhnke damit zu tun? Die Boulevardblätter hätten es gern gesehen, wenn er an jenem fatalen Wochenende im Juli 1984 mit der Familie Scholz getrunken hätte. Juhnke war auch am Tatort gewesen, bloß ein paar Wochen zuvor.

Juhnke ist ein Clown der alten Schule. Ein Jahrmarktsboxer mit Millionenpublikum, ein Kumpel, der unsichtbar mit am Tresen hockt. Ein Vorbild, zweifellos.

Im Januar 1997 sagt Boris Becker in einem *Spiegel*-Interview: »Steffi Graf, Henry Maske, Michael Schumacher und Boris Becker – wir sollen Ersatzhelden sein, weil viele Deutsche in ihrem Leben bestimmte Dinge vermissen und in uns wiederzufinden versuchen. Und vielleicht haben auch einige Deutsche den Glauben verloren – an die eigenen Fähigkeiten, an die Politiker, an die Sicherheit der Arbeitsplätze.«

Es ist nicht leicht, in diesem Lande derart prominent zu sein. Die Reichen und Berühmten treibt nicht allein die Angst vor dem Finanzamt um, die Gier, sondern auch die Angst vor der eigenen Berühmtheit – vor den Anforderungen an ihre unbestechliche Präsenz. Bei Boris Becker kommt noch etwas anderes dazu, wenn er laut über ein Leben außerhalb Deutschlands nachdenkt. Es sind Erfahrungen mit einem alltäglichen Rassismus, die er seiner Frau, der schwarzen Schauspielerin Barbara Feltus, und seinem Sohn ersparen möchte. Eine Standardformulierung der deutschen Politik besagt, Deutschland sei kein Einwanderungsland. Es ist tatsächlich, für eine bestimmte Klientel, ein Auswanderungsland.

Denn während die Superreichen und die Hochberühmten ins Ausland ziehen, wächst in der Bevölkerung die Armut stetig. In Deutschland erreicht die Zahl der Arbeitslosen den höchsten Stand seit den dreißiger Jahren. Bald fünf Millionen Menschen sind es, die trotz steigender Unternehmensprofite nicht mehr unterkommen. Die politische Debatte des Jahres 1997 verfängt sich in der allfälligen Steuerreform. Dahinter jedoch verbirgt sich die existentielle Frage, auf die es in dieser Gesellschaft derzeit keine Antwort gibt: Wie werden die Ressourcen neu verteilt, was soll der Lebensstandard der Zukunft sein? Müssen Neid, Egoismus und unerschütterliche Konsumgewohnheiten die allfälligen Veränderungen blockieren?

Zum ersten Mal ereilt es da auch einen scheinbar Unantastbaren der Politik. Helmut Kohl wackelt, von »Kanzlerdämmerung« ist die Rede. Eines der letzten moralischen Tabus wird gebrochen, als plötzlich Schlagzeilen auftauchen, die mit einer Krebserkrankung Kohls spekulieren. In einem Interview mit Wolfgang Schäuble, dem CDU-Fraktionsvorsitzenden im Bundestag, stellt der *Stern* die Frage: Kann ein Krüppel Bundeskanzler werden? Schäuble ist seit einem Attentat querschnittsgelähmt und sitzt im Rollstuhl. In seinem Fall hat die journalistische Direktheit scheinbar befreiende Wirkung, wobei der Gebrauch des Ausdrucks *Krüppel* auf die nicht mehr zu übersehende Brutalisierung der Mediengesellschaft verweist. Damit geht die Fokussierung des vorgelebten Lebens auf eine Gewinnspiel-Philosophie und Talkshow-Dramaturgie einher. »Da klatscht die Republik«, notiert die *Süddeutsche Zeitung* und konstatiert: »Nie zuvor haben Medien das Recht von Politikern auf Privatheit derart verletzt – bisweilen sind die Opfer nicht ganz schuldlos.« Wichtig erscheint in dem Zusammenhang auch die Beobachtung, daß nicht nur in den sogenannten Bilderblättern, sondern auch in seriösen Magazinen die Versuchung wächst, Politisches mit Privatem zu erklären und zu unterfüttern. Ein Politiker wie Peter Glotz, einst intellektuelles Aushängeschild der Sozialdemokraten, spielt mittlerweile den Moderator eines karikaturistischen Polit-Palavers im Fernsehen.

Amerikanische Verhältnisse? Noch darf in Deutschland im Gerichtssaal nicht gefilmt werden, für einen medialen O. J. Simpson-Overkill fehlen die Voraussetzungen. Noch ist es nicht vorstellbar, daß zum nächsten Bundestagswahlkampf medizinische Dossiers der Spitzenkandidaten veröffentlicht werden, wie bei den Präsidentschaftskandidaten in den USA, Bill Clinton und Bob Dole. Doch Sportler und Showstars, die Prototypen des gläsernen Menschen, müssen sich längst solchen Prozeduren in der Öffentlichkeit unterziehen.

Es ist die Zeit der Endspiele. Beim Kohle-Bergbau, in der Stahlindustrie. Und was ist das für ein unglaublicher Zufall, daß gerade in diesem Moment Dortmund und

Schalke, die religiös verehrten Fußballvereine des Ruhrgebiets, europäische Meistertitel erringen, im Namen der von Abbau bedrohten Malocher.

Die D-Mark steht zur Disposition, und mit der Einführung einer europäischen Währung droht das einzige übergreifende Identitätsmerkmal der nach Osten erweiterten Bundesrepublik zu verschwinden. Die Debatte um den Goldschatz der Bundesbank erhält in dem Zusammenhang eine zwingende, beinahe schon mythologische Symbolik – als stünde in der Realität der Nibelungenhort auf dem Spiel; und der Bundesfinanzminister spielt in diesem zeitgenössischen Schauermärchen die Rolle des Finstermannes Hagen von Tronje, der einst das Gold der Nibelungen im Rhein versenkte, wobei allein schon die Physiognomie Theo Waigel für diesen Part zu bestimmen scheint. Die Bonner Republik befindet sich auf einer langen Wanderung in ungewisse Berliner Verhältnisse. *Time to say good-bye* an allen Fronten. Die kommenden Auseinandersetzungen, jeder spürt es, werden ruppig und von Hysterie geprägt sein. Und keiner kennt die Regeln. *Globalisierung* heißt das Zauberwort, und die Verzauberten befürchten unwägbare soziale Einbußen. Wer sich in diesem Klima zum Sündenbock eignet, auf den wartet ein schweres Los. Prügelknaben sind jetzt gefragt.

Los Angeles, 2. Februar 1997. Ein ebenso absurder wie scheinbar alltäglicher Kampf endet mit einem krachenden K. o. Im Foyer des Luxushotels Mondrian randaliert ein betrunkener Gast. Er trinkt Wodka aus dem Aschenbecher, grapscht nach einer Frau, die von Zeugen als jung und attraktiv beschrieben wird. Der Störenfried, der offenbar kein Englisch spricht, wird von einem Security Officer in den Fahrstuhl verfrachtet. Doch der Betrunkene läßt nicht nach, pöbelt den schwarzen Wachmann an. Eine Woche später weiß es ganz Deutschland aus der Zeitung: Harald Juhnke, der größte Entertainer und berühmteste

Trinker der Nation, ist ein Rassist, der neuerdings mit nazistischen Stammtischparolen um sich wirft?

Etwas hat sich über Nacht grundlegend verändert. Der einzige Star, den sich Deutschland leistet, dem man über Jahre und Jahrzehnte die Treue hielt, wurde mit einer beispiellosen Bereitschaft zur Vorverurteilung attackiert. Die Begeisterung für Juhnkes stets provokante Exzesse schlug – ohne Kenntnis des wahren Sachverhalts – in rauschende Empörung um. Und für einen Augenblick schien das Ende einer einzigartigen Karriere gekommen zu sein, ärger noch: Es drängte sich der Eindruck auf, als habe manch einer nichts sehnlicher herbeigewünscht als den endgültigen Absturz dieses besoffenen Hampelmanns, als der Harald Juhnke plötzlich dasteht, blamiert bis auf die Knochen und aller Privilegien und Sympathien beraubt. *Time to say good-bye.* –

Juhnke, abtreten!?

Das Jahr 1997 verläuft für Harald Juhnke katastrophal, vor aller Augen. Das Drama spitzt sich zu, spektakulär und abstoßend. Ende August stürzt sich der Schauspieler in einen Vollrausch, der mehrere Tage andauert. Das Bild seines zerschundenen, blutigen Gesichts prangt auf den Titelseiten der Boulevardpresse. Erst heißt es, er habe sich in einem Berliner Hotel mit Touristen geprügelt, nachher wird eine andere Version des Vorfalls verbreitet: Juhnke sei betrunken in einen Glastisch gefallen. Fernsehteams, Reporter, Fotografen belagern die Villa des Stars im Grunewald. Und König Alkohol hält Hof: Ein Stoßtrupp von SAT.1 verschafft sich Einlaß in Juhnkes Wohnzimmer, wird von dem hilflosen, halbnackten Mann vorgelassen. Kameras und Mikrofone sind eingeschaltet: Juhnke lallt, Juhnke trinkt weiter. Und SAT.1 strahlt dieses »Interview« aus, trotz einer einstweiligen Verfügung, die Juhnkes Ehefrau gegen den Sender erwirkt. Aber was sind 500 000 DM Strafe gegen die Spitzenquote, die SAT.1 mit den Elendsbildern des Entertainers erzielt!

Die Affäre löst in Deutschland eine Debatte über Medienmacht, Moral und Persönlichkeitsschutz aus. In diesem Moment explodiert die Nachricht aus Paris: Lady Di ist tot. Die Welt verwandelt sich in einen Tele-Friedhof mit Milliarden von Trauergästen. Und es waren Paparazzi hinter ihr her gewesen, als die Pop-Prinzessin ins Verderben raste. –

Hatte Harald Juhnke nicht vor Jahren schon gesagt: »Ich bin die deutsche Lady Di«? Der Satz klingt plötzlich wie Hohn, wie nachgereicht, wie Prophetie. Welch bittere Ironie: Während der mysteriöse Tod Dianas wochenlang alles beherrscht, liegt Harald Juhnke in einem Berliner Krankenhaus, ohne Bewußtsein, im »Heilschlaf«.

Davon erzählen die folgenden Episoden: von der ewigen Wiederkehr eines Totgesagten. Von einem Menschen und Künstler, der die Schwerkraft der öffentlichen Existenz überlistet zu haben scheint. Und wenn er sich selbst ein »Glückskind« nennt, dann könnte man auch sagen: Diese Geschichten handeln von einem Glückskind im Unglück. Und von dem seltsamen Glück, für alles, was man tut, doch immer nur geliebt zu werden.

Ihr Auftritt, Mr. Juhnke ...

Nummer 1:
Leaving Las Vegas –
Ein Traum wird zum Alptraum

> Der Süchtige sieht eines Tages in den Spiegel und erkennt sich nicht wieder. Doch was da nun alles in ihm vorgegangen ist, läßt sich schwer sagen. Im Spiegel zeigt es sich jedenfalls nicht.
> William S. Burroughs, Junkie

In einem seiner zahllosen und meist als »exklusiv« deklarierten Interviews erwähnt Harald Juhnke en passant, *Leaving Las Vegas* sei sein Lieblingsfilm. Kann man, darf man das überhaupt sagen? Wie oft schaut man sich so einen »Lieblingsfilm« an, ohne selbst in Mitleidenschaft gezogen zu werden? Eine brillante Schauspielerleistung, das Thema Alkohol, Sex und Tod und Las Vegas, die ewige Verheißung – für jemanden, der mit der Gefährdung spielt, muß diese Kombination hochexplosiv sein, unwiderstehlich faszinierend.

Der Schauspieler Nicolas Cage bekommt im Jahre 1995 einen Oscar verliehen als bester männlicher Hauptdarsteller. Cage spielt in *Leaving Las Vegas* einen Alkoholiker – oder sollte es nicht besser heißen, einen Selbstmörder? Dieser Ben plant seinen Tod ohne genaue Angabe von Motiven. Aber braucht es ein Motiv, braucht es einen für die Allgemeinheit verständlichen und nachvollziehbaren Grund – einen Schicksalsschlag in der Familie, eine unheilbare Krankheit, den Verlust von Geld, Arbeit, Liebe –, wenn ein Mensch den steilen Weg in den Abgrund wählt?

Ben begeht einen geplanten Selbstmord mit Alkohol. Er säuft haltlos, leidenschaftlich, vernichtend, bis seine Organe ihren Dienst für immer aufgeben und es der Seele nachtun, die sich bereits in einem nicht mehr umkehrbaren Auflösungsprozeß befindet. Die Liebe zu der Prostituierten Sera ändert nichts an dem Verlauf der Tragödie. Nur der Gedanke plagt ihn, allein sterben zu müssen. Sera ist bei ihm. Nach wenigen Tagen des Zusammenlebens hat sie begriffen, daß es unbarmherzig wäre, Ben mit sinnlosen Rettungsversuchen zu quälen.

Mike Figgis' Film nach dem Roman von John O'Brien erinnert in seiner würgenden Konsequenz an Billy Wilders Melodram *The Lost Weekend*, das vierzig Jahre zuvor entstand und in dem Ray Milland einen Alkoholkranken spielte – allerdings in erkennbarer therapeutischer Absicht. Damals war die Prohibition in den Vereinigten Staaten erst wenige Jahre außer Kraft.

Ben trinkt sich durch die Bars von Los Angeles. Doch L. A. ist ein allzu gewöhnlicher Ort, um zu sterben, und es gibt auch praktische Überlegungen, in einem geeigneteren Ambiente das letzte Lager aufzuschlagen. In John O'Briens Roman wird der Moment vor dem Aufbruch so beschrieben: »Die Fahrt von Los Angeles nach Nevada – dem Land, in dem der Alkohol Tag und Nacht fließt – dauert fünf Stunden. Und um diese Uhrzeit gibt es keine Linienflüge. Verlockend und bohrend lauert diese unsinnige Möglichkeit irgendwo im Hinterkopf, wenn einem um halb drei der Alkohol ausgeht. Ben hat die Alternative schon gedanklich durchgespielt, aber es ist keine Lösung: Bis er in Nevada ist, haben auch in Los Angeles die Bars wieder geöffnet.«

Und Ben macht sich sogleich auf den Weg. In Nevada, in der Wüstenstadt Las Vegas, lockt nicht allein die unbegrenzte Ausschank-Konzession, die natürlich eine ungeheure Symbolkraft besitzt. Was Dostojewskis Roulettenburg für das 19. Jahrhundert war, ist Las Vegas heute: die Hölle und das Paradies für Spieler, Gangster, Prostituierte, ein Supermarkt zwischen Glamour und Gosse – und Eldorado alternder Showstars.

Das wird ein Star: in den frühen fünfziger Jahren

Leaving Las Vegas – die letzte Ausfahrt ist der Tod. Einmal in Las Vegas angekommen, bringt Ben seine Sache wie ein professioneller Killer zu Ende.

Nicht jeder Alkoholiker hat eine Aura wie der berühmte Harald Juhnke und seine noch berühmteren Vorbilder. Nicht jede Alkoholgeschichte kann man mit Juhnke in

Verbindung bringen – täte er es nicht immerzu selbst. Und griffe er nicht immer wieder dort ins Regal, wo die ganz großen Namen stehen und die Mythen einer Welt, die so unendlich viel größer, prächtiger in unerreichbarer Ferne aufscheint als jener enge Horizont von Kurfürstendamm-Komödie, Fernsehballett und Falladas geschlossener Anstalt in Mecklenburg.

Es ist banal, es ist grausam, es ist der reine Kitsch und ebenso anrührend, wenn Deutschlands einziger veritabler Showstar ein halbes Leben lang von dem großen Knaller träumt: einer Show in Las Vegas. Wie viele Illusionen und Irrtümer, wieviel Naivität, Ehrgeiz und Wahnsinn stecken in diesem Plan! Wieviel Herzblut liegt darin!

Und plötzlich taucht da jemand auf und sagt, wir gehen mit dir nach Las Vegas, hier ist der Vertrag ...

Premiere heißt der Kabelsender, der Harald Juhnkes Spieler-Phantasien aufs äußerste reizt. Oder erliegt er einer Selbsttäuschung? Erst im Flugzeug macht er sich gründlich mit dem Drehbuch vertraut und kommt zu dem Ergebnis – alles Schwindel. Dem *Stern* klagt Juhnke hinterher sein Leid: »Premiere hat uns doch von Anfang gelinkt. Die haben uns für den Vegas-Film nur große Versprechungen gemacht. Ich sollte Frank Sinatra treffen, mit den Tigerdompteuren Siegfried und Roy sprechen. Nichts hat geklappt. Dann hieß es, ich sollte in einem Night-Club auftreten. Aber der Night-Club war eine billige Kneipe. Und dann wollten sie mich auch noch vor eine blaue Wand stellen und den Menschen Juhnke befragen.«

Juhnke muß sich an seiner empfindlichsten Stelle getroffen fühlen. Nicht als Stargast, sondern als Touristenführer hat man ihn nach Vegas geschickt. So sieht es Juhnke. *Premiere* wird sagen, man habe das Konzept für Las Vegas gemeinsam entwickelt. Nicht eine Gala soll er dort bekommen, sondern gute Miene machen zu dem großen Spiel, das ohne ihn abläuft. Der Dreh, den die Produktionsfirma Akzente im Auftrag von *Premiere* erledigen soll, arbeitet mit einer zynischen Fiktion: Harald Juhnke kennt Las Vegas zwar ebensowenig wie der durchschnittliche Fernsehkonsument und Pauschaltourist, doch als »deutscher Sinatra« würde er schon irgendwie wissen, wovon er spricht. Juhnke hat sich, womöglich fahrlässig, auf die fragwürdige Vegas-Nummer eingelassen, bekommt das fertige Drehbuch erst unmittelbar vor dem Abflug ausgehändigt, hat es nicht richtig gelesen – oder er liest in dem Moment nur, was er lesen möchte. Hinter all den Lügen, Beteuerungen, Ausflüchten beider Seiten steckt eine Wahrheit: Es wird in diesem Unterhaltungsgeschäft derart viel Ausschuß produziert und gesendet, daß die Qualität eines Drehbuchs und sein Realitätsgehalt im Grunde keine Rolle spielen.

Nur, Juhnke hat nicht mitgemacht. Es läßt sich sicher nicht behaupten, daß er immerzu nur erstrangige Fernsehproduktionen annimmt. Aber diesmal muß sich bei ihm doch noch der Instinkt gemeldet haben. Die Angelegenheit ging ihm zu nah: Juhnke in Las Vegas, nicht um jeden Preis. Juhnke ist ein erstrangiger Künstler, und es gibt zu viele Menschen, in den Medien zumal, die das nicht erkennen, weil finanzielle Interessen im Vordergrund stehen, und die ihn ausnutzen.

Juhnke selbst gibt dazu allerdings immer wieder Gelegenheit.

Der *Spiegel* hat ein rührendes Bild aufgetrieben – Harald Juhnke und Sohn Oliver auf einer Mauer in der Sonne, im Hintergrund ein Hügel mit dichter Vegetation und den alles überragenden Buchstaben HOLLYWOOD; ein Urlaubsfoto. Die beiden Juhnkes blicken treuherzig in die Kamera, der Sohn hat eine Hand auf Papas Schulter gelegt, in der anderen hält er die Sonnenbrille. Das Magazin verfügt auch über genauere Informationen. Der große Las-Vegas-Glamour sei ohnehin gar nicht drin gewesen, weil Frank Sinatra seit Wochen zwischen dem Krankenhaus, seiner Villa und dem Tod herumwandelt; »weil das

Dompteurpaar Siegfried und Roy sich in einer langen grausamen Trennungsschlacht befindet; und weil einer ihrer weißen Tiger einen anderen totgebissen hat«. Siegfried und Roy, das schwule Traumpaar auf der Glitzerbühne von Nevada, stammen aus Deutschland. Die beiden sind Legende, weil sie sich als Stars an diesem mythischen Ort etabliert haben, wo Deutsche nur die Besucherstatistiken auffüllen und die Kassen der Hotelkasinos. Eine bittere Lektion steckte der Schwergewichtsboxer Axel Schulz im April 1995 ein, als er den zwanzig Jahre älteren Champion George Foreman im MGM Grand Garden an den Rand einer Niederlage brachte. In Las Vegas kann ein Deutscher nicht gewinnen. Nicht nach Punkten.

Kein Herausforderungskampf für Harald Juhnke, keine weißen Tiger für den Entertainer. Aber die weißen Mäuse warten auf ihren Auftritt.

Einer wie Juhnke muß auch seine Euphorie herunterspülen. Ein Alkoholiker trinkt sich auch über Glücksmomente hinweg. Hätte Juhnke vielleicht nicht auch, am Ziel angelangt, in Las Vegas so abstürzen können, wie in jenem Hotel in Hollywood, als ihn die Wut über das infame Drehbuch dazu zwang, zwei Flaschen Wodka zu leeren?

Ist dieses Amerika ihm nicht so oder so ein paar Nummern zu groß? Er reagiert unverzüglich. Verweigert die Weiterreise mit den Fernsehleuten nach Las Vegas. Tritt die Flucht nach innen an: »Ich war voll wie ein Eimer. Ich weiß nichts mehr. Filmriß.«

Alkoholikerdramen wiederholen sich auf schreckliche Weise. Der Ablauf ist stets der gleiche, und die Banalität des zwanghaften Geschehens ist bestürzend: »Ich war in einem Hotel und bekam den Anfall, und irgend jemand, der zu dem Hotel gehörte, kam ins Zimmer, und ich fing an ihn zu treten – aber das ist alles, was ich noch weiß. Dann war da ein Krankenwagen und alle diese Ärzte, aber ich habe keine Erinnerung mehr daran.« So sprach der Schriftsteller Truman Capote (»Ich bin schwul. Ich bin süchtig. Ich bin ein Genie.«), der sich mit Alkohol und Tabletten umgebracht hat. Einer seiner Freunde sagte bei der Totenfeier etwas sehr Bemerkenswertes: »Truman starb an alledem, er starb am Leben, starb daran, ein volles Leben gelebt zu haben.«

Filmriß. Nichts Neues. Nicht zum ersten Mal läßt Juhnke einen Fernsehauftritt platzen. Es handelt sich auch nicht um eine Live-Geschichte. Doch die gravierenden Unterschiede zu früheren Absagen liegen auf der Hand. *Premiere* ist ein Pay-TV-Sender mit Fußball-Liveübertragungen, mitternächtlichem Porno-Programm, nicht zu vergleichen mit dem Apparat des ZDF, das in den achtziger Jahren, als Juhnke *Musik ist Trumpf* moderierte, nur die Sender der ARD neben sich hatte. Der Markt war monopolistisch aufgeteilt, das heißt, es gab noch keinen Markt, die öffentlich-rechtlichen Riesen konnten sich selbst prominente Ausfälle erlauben; Geld spielte keine Rolle, Quote war ein Fremdwort. Daher erklärt sich zwar nicht das wütende Moralisieren, das in Deutschland wie eine Lawine losbricht, als der Eklat von Los Angeles publik gemacht wird. Aber es wird verständlich, weshalb sich der für *Premiere* arbeitende Fernsehregisseur Michael Voppe mit unfeinen Tricks für den Flop zu revanchieren sucht. Der Mann vom Fernsehen spielt Schicksal, weil »Juhnke in Las Vegas« – so lautete der Arbeitstitel des TV-Beitrags – kurz vor dem Ziel abgesprungen ist.

Dabei kopiert Voppe die Methode, derer sich Juhnke selbst gelegentlich bedient hat. Er weiß sich nicht anders zu helfen, als sich auf ein gefährliches Spiel mit der Boulevardpresse einzulassen; in diesem Fall mit *Bild am Sonntag*.

Die Zeitung macht am 9. Februar 1997 mit der Schlagzeile auf:

Jetzt reicht's!
Juhnke

Nazi-Sprüche in Amerika
Du dreckiger Nigger, bei Hitler wäre so etwas vergast worden

Links oben ist auf der Titelseite ein kleines Foto eingerückt, das den Delinquenten beduselt aussehen läßt, rechts steht groß das Bild des schwarzen Wachmannes Bob Ferrell. Der junge Amerikaner trägt einen dunklen Anzug, hochgeschlossenen Hemdkragen, bunte Krawatte. Im Hintergrund ist sein Arbeitsplatz zu erkennen, das Hotel Mondrian am Sunset Boulevard in L. A.

Niemand wird je erfahren, was dort wirklich geschah. Aber darauf kommt es auch in dem Moment schon nicht mehr an, als *Bild am Sonntag* den Skandal vermarktet. Entscheidend ist: Beinahe die gesamte deutsche Medienwelt übernimmt die Story, ohne zu zögern, praktisch ohne jede eigene Recherche. Erst in der folgenden Woche werden Reporter, Fotografen und Kamerateams nach Übersee in Marsch gesetzt. Der *Bild*-Journalismus feiert einen totalen Sieg; standrechtliche Exekutionen sind nun nicht mehr nur auf die Gruselgazetten beschränkt. Kein Juhnke, keine Auflage.

»Der Sinatra für Arme als brauner Stammtischbruder«, titelt die *Frankfurter Rundschau* vor lauter Empörung gleich in einem infamen Doppelschlag. Der Kölner *Express* führt das »Ekel Juhnke« vor. »Entsetzen über Juhnke« steht der *BZ* in Berlin ins Gesicht geschrieben. Die *Bild-Zeitung* hat tagelang nur den »Fall Juhnke« auf der ersten Seite. »Schluß mit lustig«, verkündet *Die Woche* und stellt fest: »Die Liebe zwischen Harald Juhnke und den Medien ist erloschen.« Was nicht nur voreilig, sondern auch eine grobe Verkennung der Tatsachen ist – weil die Medien von ihm nicht lassen können, werden sie ihn schon deshalb weiterhin auf Schritt und Tritt beobachten, weil niemand den Augenblick verpassen will, wenn eines Tages tatsächlich der »endgültige Absturz« erfolgt, den RTL-Nachrichtenmoderator Heiner Bremer, wie etliche seiner

Kollegen, nach dem Menetekel im Hotel Mondrian bereits gekommen sah.

Falls es nach der jahrzehntelangen Vorgeschichte überhaupt noch möglich ist, so hat die Amerika-Affäre das Schicksal des Frontmannes Juhnke noch enger an die Macht der Medien gebunden. Und damit an das Urteil einer Öffentlichkeit, in der die Tendenzen zur Ausgrenzung und Intoleranz zunehmen – auch gegenüber den Lieblingen der Nation.

Aber muß man warten, bis es zu spät ist, einen Harald Juhnke ernstzunehmen und differenziert zu betrachten? Einen Künstler, der unaufhörlich zwischen Flachmann und brillantem Schauspieler changiert?

Gemeinhin wächst in Nachrufen die Hochachtung ins Unermeßliche. Dann wird der Mensch, der schwierige zumal, als das erkannt, was er zu Lebzeiten gewesen war: ein Phänomen. Und ungeheuer reich an Facetten. Dann wird auch, mit verräterischer Verspätung, eine Künstlerkarriere von zweifellos hohem Unterhaltungswert als Drama anerkannt.

Über den mysteriösen Vorgängen von L. A. liegt etwas Unheilvolles. Diesmal hat der Kandidat nicht irgendeinen Mist gebaut, sondern, so legen es die Reaktionen nahe, eine schwere Sünde begangen. Er muß für eine Strafzeit in die Medienhölle, weil er den Himmel in Las Vegas nicht erreicht und, so lautet der Vorwurf, ein Tabu gebrochen hat: Ein Deutscher gibt sich nicht offen als Rassist zu erkennen, schon gar nicht Amerika. Es gibt Zeugen für den Sündenfall. Und es gibt sogar ein Protokoll, das der TV-Regisseur Voppe angefertigt hat, nach Art eines ungelenken, sprachlich dürftigen, Objektivität erheischenden polizeilichen Verhörs:

»Ich ging in die Bar und traf dort auf einen Wodka trinkenden Harald Juhnke, der mir bedeutete, daß das Drehkonzept wörtlich ›Scheiße‹ sei und er sich weigere, an dieser Dokumentation teilzunehmen. Er sei, wörtlich, ›ein großer deutscher Entertainer‹, und es sei unter seiner Würde, diesen Dreh mitzumachen. Wie betrunken er war, bemerkte ich zum einen daran, daß er mich aufs gröbste beschimpfte, und zum anderen daran, daß er seinen Wodka in einen Aschenbecher schüttete, um ihn dann aus demselben zu trinken.«

In diesem Stil geht die Schilderung des Hindernisrennens weiter; von der Hotelbar in die Lobby, zum Fahrstuhl, schließlich zum Tatort:

»Am Zimmer angelangt, beschimpfte Harald Juhnke den Sicherheitsbeamten Robert Ferrell (Zeuge) als ›dreckigen Nigger‹ und machte darauf aufmerksam, daß Menschen wie dieser Nigger im Dritten Reich vergast worden sind. (Zeuge: Oliver Juhnke und ich). Obwohl große Teile der Beschimpfungen in deutsch ausgesprochen wurden, begriff Mr. Ferrell sehr wohl, wie ihm geschah. Nachdem wir einen tobenden Harald Juhnke ins Zimmer gebracht hatten, machte uns Ferrell darauf aufmerksam, daß, sollte Juhnke sein Zimmer verlassen, er in die Ausnüchterungszelle gesteckt werden würde – dies sähe das Gesetz in Los Angeles so vor.«

Bild am Sonntag hat das vierseitige »Protokoll« in Ausführlichkeit veröffentlicht – was nahelag. Denn ein Team des Wochenblatts war nach Amerika mitgereist, um Juhnke bei den Dreharbeiten in Las Vegas zu beobachten – ersatzweise nun bei einem neuerlichen Alkoholexzeß. Auf eine solche Story – Juhnke als Nazi-Pöbler – hatte freilich niemand zu hoffen gewagt.

Voppe hat an beinahe alles gedacht. Er hat den schwer betrunkenen Entertainer gegen dessen Willen, denn ansprechbar war er wohl nicht mehr, mit einer Videokamera gefilmt. Hubertus Meyer-Burckhardt, Chef der für *Premiere* tätigen Produktionsfirma Akzente, hielt das Video allerdings unter Verschluß, obwohl er sich damit fraglos eine goldene Nase hätte verdienen können. Meyer-Burckhardt war an einem Skandal offensichtlich nicht gelegen.

Er kritisierte Andreas Wrede, den *Premiere*-Programmchef, der das Voppe-Papier einem Redakteur von *Bild am Sonntag* übergeben hat. Meyer-Burckhardt schätzte die Situation richtig ein. Nach der Skandalstory von *Bild am Sonntag* erwog der Juhnke-Clan eine Schadenersatzklage gegen *Premiere*. Später teilte Juhnkes Manager Peter Wolf mit, man wolle sich außergerichtlich einigen.

Voppes detektivischem Eifer ist aber auch noch eine andere Peinlichkeit geschuldet: Er soll Oliver Juhnke, den Sohn des Entertainers, zur Unterschrift unter das Protokoll genötigt haben. So stellt es Juhnke junior dar: »Mir wurde die Pistole auf die Brust gesetzt. Entweder ich würde unterschreiben, oder mein Vater müsse die gesamten Ausfallkosten für die Las-Vegas-Produktion bezahlen. Aus heutiger Sicht nenne ich das Erpressung.« In der *Bild-Zeitung* widerruft der »Zeuge« Oliver Juhnke das Protokoll: Keine Nazi-Äußerungen. Vater Harald sei zu betrunken gewesen, um überhaupt etwas von sich zu geben. Bereits im Mai 1997 wird Juhnke junior selbst für Schlagzeilen sorgen. Und es werden einschlägige Geschichten sein. In Berlin ist er wegen Straßenverkehrsgefährdung, versuchter Körperverletzung und Nötigung angeklagt. Vorausgegangen war eine Verurteilung wegen Trunkenheit am Steuer. Auf einen Juhnke-Bonus kann er nicht hoffen, im Gegenteil. Denn inzwischen hat man auch dem Vater den Freifahrtschein entzogen.

Die sonntägliche *Bild*-Predigt wirkt kolossal. Für die häßlichen und teilweise widersprüchlichen Detailschilderungen aus Los Angeles interessiert man sich in Deutschland nur am Rande. Es wird zwar noch gemeldet, daß der Wachmann Robert Ferrell und die Passantin, die Juhnke belästigt haben soll, in den USA beträchtliches Schmerzensgeld einklagen wollen. Tatsächlich wird sich Ferrell sehr bald ganz aus der Affäre zurückziehen und als bekennender Christ »Junkie« vergeben. Auch die Polizei in L. A. stellt das Ermittlungsverfahren ein. Was in Deutsch-

»Juhnke & Co.«: 1991 im Fernsehen

land Kreise zieht, ist ein sich andeutender Juhnke-Boykott, und zwar auf allen Ebenen. Die Aussicht auf die Demontage eines Stars scheint Vergnügen zu bereiten.

Es läuft die politische Verlautbarungs- und Empörungsmaschine, quer durch die Parteienlandschaft. Antje Vollmer, Bundestags-Vizepräsidentin vom Bündnis 90/Grüne, die SPD-Bundestagsabgeordnete Cornelie Sonntag-Wolgast, der CDU-Politiker Johannes Gerster fürchten um das deutsche Ansehen im Ausland. Juhnke habe mit seinen Äußerungen den Deutschen geschadet. Ignatz Bubis, der Vorsitzende des Zentralrates der Juden in Deutschland, meint, im Wein liege die Wahrheit. Rückendeckung kommt für Juhnke aus Berlin. Der Regierende Bürgermeister Eberhard Diepgen und Kultursenator Peter Radunski, beide von der CDU, stellen sich zaghaft hinter den Entertainer, der in seinen Liedern auch immer auf Berlin steht.

Juhnke steht auf der Kippe. Er heißt jetzt *Junkie*, weil sein Name amerikanisch ausgesprochen nun einmal so klingt. Und weil Junkie einen kriminellen Unterton mitschwingen läßt. Alki wäre in dieser Situation zu brav. Ein Heroinsüchtiger, ein Junkie, kommt mit dem Gesetz in Konflikt und ist der Polizei bekannt. Ein Junkie ist einer erheblich größeren Gefährdung ausgesetzt als ein Alkoholkranker. Ein Junkie gilt nicht mehr als gesellschaftsfähig, im Gegensatz zum Alkoholiker. Junkie Juhnke klingt auch schon wieder witzig. Doch in dem Wortspiel liegt auch eine bittere Wahrheit.

Ben, die Roman- und Filmfigur von *Leaving Las Vegas*, gibt seinen Job auf, um ungestört sein Leben austrinken zu können. Ein ähnliches Schicksal blüht Harald Juhnke. In Deutschland werden Stimmen laut, die Juhnkes Entfernung von Bühne und Fernsehen fordern – Auftrittsverbot! Dem TV-Regisseur Voppe ist die Skandal-Inszenierung, die vor allem der eigenen Absicherung gedient haben mag, längst aus der Hand geglitten.

Die Media-Markt-Kette storniert ihre Werbespots mit Harald Juhnke, sein Slogan »Ich bin doch nicht blöd« wird aus dem Verkehr gezogen. Die ARD kündigt die weitere Zusammenarbeit mit Juhnke auf, was die ihr angeschlossenen Rundfunk- und Fernsehanstalten nicht daran hindert, Interviews mit Juhnke auszustrahlen. Journalistischer Alltag. Man spricht mit dem Schurken. Zwei Tage nach der Veröffentlichung des Protokolls in *Bild am Sonntag* taucht ein weiteres, nicht minder fragwürdiges Papier auf. Juhnkes Anwalt Nicolai A. Siddig hat es in Berlin verfaßt. Es handelt sich um eine schriftliche Entschuldigung; Adressat: Mr. Robert Ferrell, Los Angeles:

»Ich, Harald Juhnke, entschuldige mich hiermit in jeder Form und Weise für Dinge, die ich gesagt haben sollte. Es lag mir fern, Sie in Ihrer Ehre zu verletzen.«

Ein halbes Geständnis, wenn man es so sehen will. Juhnke selbst variiert das »Ich war es nicht, es war, wenn etwas war, der Alkohol«-Motiv gebetsmühlenartig in den Interviews. Jetzt geht die Inszenierung in den zweiten Akt, und die Farce wird offenkundig. Juhnke kippt tatsächlich – aber nun wieder auf die lichte Seite. Die absurde Entschuldigung stößt auf Akzeptanz. Zwar fordert Ferrell mit einem Mal 100 000 Dollar – doch nicht von Juhnke, sondern von dem Fernsehsender Sat.1, der ein Versöhnungstreffen mit Ferrell und seinem unheimlichen Gast zu arrangieren versucht. Die Programmdirektoren der ARD heben kleinlaut ihren Boykott auf. Die Entschuldigung sei ausreichend.

So viel Wert besitzt moralische Empörung in diesem Land, so lange hält sie vor – nur bis zu dem Moment, da es opportun erscheint, ein vernichtendes Urteil mit einer ebensolchen Blindheit zu revidieren, wie es herausgeschossen kam. Anders verhält es sich auch nicht, wenn sich Politiker tatsächlich bei vollem Bewußtsein rassistischer Äußerungen bedienen, um Wahlkampf zu machen. Die Erregung über derartige Entgleisungen legt sich schnell, und der Urheber hat in der Regel keine Konsequenzen zu gewärtigen.

In den differenzierteren Meinungsäußerungen wird aber auch wieder eine Juhnkesche Qualität gewürdigt, die darin besteht, daß er die Öffentlichkeit zu polarisieren vermag. Was kümmert uns Juhnke? »Was kümmert uns sozusagen ein Mensch als solcher? Wir haben Prinzipien, und was wir tun, das tun wir Deutschen um der Sache selbst willen«, kommentiert der *Tagesspiegel*. Eine bissige Mentalitätsbeschreibung liefert auch die *Süddeutsche Zeitung*: »Es geht nicht um Reinwaschung, sondern um Gratis-Mut und Gratis-Moral in der postmodernen Welt, in der es ›richtige‹ ideologische Konflikte nicht mehr gibt. Es ist das wohlige Eintauchen in das laue Wasser einer Moral, die nichts kostet, weil man in der Meute der Engel schwimmt und folglich keinen Konflikt ausfechten muß. ›Wir sind alle empört, also sind wir alle gut‹, ist das Motto dieser Moral.« Werner Funk, Chefredakteur des *Stern*, nimmt Juhnke in Schutz und wettert gegen die Hatz in Boulevardzeitungen und privaten Fernsehkanälen, »bei der das erkennbare Eigeninteresse nur noch vom Darstellungszwang einiger Provinzpolitiker übertroffen wurde, die sich in ihrer Empörung zu überbieten suchten«. Auch dies ein »Gratis«-Kommentar. Denn auch der *Stern* hat seine Leute in die Karibik geschickt, und in einem Psychogramm des Entertainers (»Alles außer Mord«) wird der Name Harald Juhnke sinnigerweise mit HJ abgekürzt.

Die Frage, was auf Zimmer 804 im Hotel Mondrian wirklich geschah, mußte in einem Nebel von Spekulation, Schadenfreude, Mitgefühl und moralischer Überhebung versinken; knallt das Monstrum auf die Titelseite. Der Zeitgeist meldet sich immer dann lauthals zu Wort, wenn er sich selbst entlarven kann. Unmerklich, ohne auf Widerspruch zu stoßen, hat sich das Schimpfwort Neger in den allgemeinen Sprachgebrauch wieder eingeschlichen. Das Provokationspotential liegt nicht mehr im linken, sondern im rechten Spektrum. Jugendliche Skinheads bedienen sich daraus, aber auch Künstler wie Christoph Schlingensief, Botho Strauß, Frank Castorf oder Einar Schleef. Mit den gezielten Anleihen aus einer totalitären Ästhetik und Symbolik korrespondiert der Automatismus der Empörung. Gesellschaft reagiert auf Knopfdruck. Gesellschaft funktioniert vorhersehbar bei Reizausschüttung. Und der Star funktioniert als Katalysator. Als Ende Mai 1997 ein offensichtlich betrunkener Musiker der Deutschen Oper Berlin bei einem Gastspiel in Israel eine Bewirtungsrechnung mit »Adolf Hitler« unterschreibt, fühlen sich deutsche Kommentatoren des Zwischenfalls an »Juhnke-Humor« erinnert.

Szenenwechsel, neuer Akt. Juhnke ist von Los Angeles in die Karibik geflogen. Sein Terminkalender erweist sich als hilfreich bei der Schadensbegrenzung. An dem neuen Schauplatz stimmt auch wieder alles: die Rolle, der Mythos, der Set. Puerto Plata, im Norden der Dominikanischen

Republik. Vor zehn Jahren waren hier die Einheimischen noch unter sich. Inzwischen beherrschen Hotelburgen und der internationale Flughafen die Küste. Die Dominikanische Republik ist heute das, was früher einmal die Kanarischen Inseln waren – Ziel für den billigen Traumurlaub. Hier gibt es Karibik für jedermann, zu unglaublich niedrigen Tarifen. Hier stürzte im Februar 1996 ein Charterflugzeug der Birgen Air ins Meer, 187 Urlauber fanden den Tod – ein Menetekel für den mörderisch gefährlichen Massentourismus. Und was für ein Fressen für die Haifischbranche des Katastrophenjournalismus: Man sah die Angehörigen auf den deutschen Flughäfen, die vergebens auf die Rückkehr des Urlauberjets warteten und vor den Reportern in Sicherheit gebracht werden mußten.

In der Dominikanischen Republik steht Harald Juhnke – der von der ARD verkündete Drehstop hat praktisch keine Bedeutung – für die Fernsehserie *Klinik unter Palmen* vor der Kamera. Hier spielt der dritte Akt der Amerika-Affäre. Mit »Schuld« könnte man den ersten Akt überschreiben, der zweite Akt trägt den Titel »Sühne«, und der dritte steht unter dem Motto »Versöhnung«.

Ein Riesentroß von Journalisten, Fotografen und Fernsehteams macht sich nach Puerto Plata auf den Weg, zur Nachbereitung des Skandals. Die Hotelbuchungen dürften leicht gefallen sein, der Ort ist seit der Flugzeugkatastrophe bekannt. Die karibischen Bilder, die durch die Presse gehen, zeigen einen unrasierten, ungekämmten, offensichtlich heruntergekommenen Schauspieler. Doch handelt es sich keinesfalls um die Nachwirkungen des Exzesses, der die Nation erschütterte, sondern um das Werk der Maskenbildner. Harald Juhnke spielt in *Klinik unter Palmen* einen versoffenen Arzt, der Urlaubern beisteht. Man könnte sagen, daß ihm diese Rolle auf den Leib geschrieben ist. Und daß er solche einschlägigen Drehbücher gern akzeptiert. Doch auf lange Sicht läßt sich schon nicht mehr klären, was zuerst da war – der Schauspieler oder die Rolle.

Der Alkohol oder die Folgen. Der Kreis oder der Mittelpunkt. Es ist ebensogut ein Krankheitsbild wie die Beschreibung des Künstlers als Triebtäter. Die Krankheit heißt nicht unbedingt Alkoholismus, sondern – Arbeit. Juhnke macht alles – Theater, Fernsehserien, Shows, Filme. Und Interviews. Das Interview ist eine Kunstform, die er glänzend beherrscht. Auch der Interviewzwang gehört zum Bild des Workaholic im Kulturbetrieb.

Dem *Stern* erklärt der Star auf die Frage, ob der Mensch Harald Juhnke überhaupt existiere: »Den kenne ich auch nicht. Aber es geht mir gut dabei. Ich lasse mich treiben. Große Schauspieler waren immer Verrückte.« Er sagt auch: »Wenn ich krank bin, dann im Kopf.«

Juhnke – ein fiktiver Charakter?

Andere Bilder aus Puerto Plata zeigen den Schauspieler Klausjürgen Wussow – auch er ein Fernsehstar und TV-Doktor *(Schwarzwaldklinik)* – bei dem Versuch, Journalisten und Touristen von dem Tag und Nacht belagerten Kollegen fernzuhalten. Denkwürdige Bilder: Klausjürgen Wussow, sonst selbst ein dankbares Objekt für Prominenten-Features, ist hier von geringem Interesse. Er stellt sich in den Weg. Er hält sein Mediengesicht hin, um Harald Juhnke vor unerwünschten Besuchern zu schützen. Die Unverschämtesten lassen Juhnke und sein Management selbst vor. So kann *Super-Illu*, das nach der Wende für ein ostdeutsches Publikum gegründete Krawallblatt, »Die neuen Schock-Fotos aus der Karibik« präsentieren. Die Schnappschüsse sind grünstichig, der Text weidet sich am inszenierten Elend: »Die Schultern hängen herab, Juhnke sieht fertig aus. Da ist nichts mehr vom Lackschuh-Entertainer, vom ›deutschen Frank Sinatra‹. Die 67 Jahre sind ihm deutlich ins Gesicht geschrieben.«

Nach seiner Rückkehr von der Palmeninsel begibt sich Juhnke schnurstracks zu *stern TV*. Das ist ein fürsorgliches Programm. Moderator Günther Jauch empfiehlt dem Studiogast eine Entziehungskur. Auch bei RTL sorgte man sich und hatte dem Star einen Flugbegleiter in die Dominikanische Republik entgegengeschickt, der in der Nachrichtensendung RTL aktuell korrekt vermeldete: »Juhnke hat vom Anfang bis zum Ende des Fluges nur nichtalkoholische Getränke zu sich genommen.«

In den amerikanischen Medien hat es die Affäre Juhnke nicht gegeben. Nur die *Los Angeles Times* brachte einen kurzen, sachlichen Bericht. Deutschland dagegen schien, gemessen an den Sendezeiten, der Schlagzeilenstärke und -frequenz, im Februar 1997 eine schwere Staatskrise durchgemacht zu haben. Auf diese Art und Weise sind früher, in vorelektronischen Zeiten, Kriege ausgelöst worden – durch mißverständliche oder fehlgeleitete Äußerungen, die offensichtlich einen ehrverletzenden Kern enthielten, jedoch nicht exakt nachprüfbar waren. Medien aber existieren nicht anders als von Übermittlungsfehlern, sofern sie diese nicht sogar selbst produzieren.

And the Junkie is the message.

Nummer 2:
Friedrichstadtpalast Berlin, 24. 2. 1997 – Harald Juhnke in concert

> Wir sind der Harald Juhnke unter den Berliner Theatern – immer im Gespräch.
> Stephan Suschke, geschäftsführender Intendant des Berliner Ensembles

An diesem Abend will Harald Juhnke nach Hause kommen. Berlin ist seine Stadt. Hier will er sich in alter Frische zeigen und etwas beweisen, was einen Künstler immer schwer ankommt – daß er nicht nur ein erstklassiger Entertainer ist, sondern auch ein anständiger Mensch.

Es hat nach der Amerika-Affäre Drohanrufe und Erpresserbriefe gegeben. Die Behörden nehmen die anonymen Drohungen ernst. Der Star wird auf Schritt und Tritt von Beamten der Kriminalpolizei und Mitgliedern der GSG-9-Antiterroreinheit bewacht. In einem Brief soll eine Gruppe namens *Berliner Nigger* von Juhnke bei jedem Auftritt eine öffentliche Entschuldigung sowie die Zahlung von 100 000 Mark verlangt haben, »sonst bringen wir dich um«.

Die Lage in Deutschland ist untergründig angespannt. Das Bundesamt für den Verfassungsschutz erklärt in der letzten Februarwoche, daß es derzeit keine Anzeichen für rechten Terrorismus gebe. Aber es gab schlimme Zwischenfälle, Verbrechen. Am Tag vor dem Konzert im Friedrichstadtpalast erschießt ein schwerbewaffneter Rechtsradikaler auf der Autobahn Hamburg-Berlin einen Polizisten. Vier Tage zuvor hatte derselbe Täter in Berlin-Marzahn einen Buchhändler von der PDS mit seiner Schrotflinte zum

Krüppel geschossen. Zur gleichen Zeit kommt es in München zu heftigen Auseinandersetzungen um eine Ausstellung des von Jan Philipp Reemtsma gegründeten Instituts für Sozialforschung, die Verbrechen der Wehrmacht 1941 bis 1944 dokumentiert. Die Ausstellung war bereits ohne größeres Aufsehen durch mehrere deutsche Städte gegangen. In München jedoch schlagen hochrangige CSU-Politiker aggressive Töne an, die an das Neonazi-Vokabular erinnern. Sie legen, begleitet von Bundesangehörigen in Uniform, während der Ausstellungseröffnung einen Kranz am Mahnmal des Unbekannten Soldaten nieder. Mehrere tausend Skinheads folgen einem Aufruf der NPD, gegen die »Lügen«-Ausstellung zu demonstrieren. Die Boulevardblätter, über die Juhnke, seine Feinde und seine Fans wie in einem wilden Slapstick miteinander kommunizieren, wissen jedoch nicht nur von Drohungen. Es gab auch Anrufe und Leserbriefe, die jene Harald Juhnke zugeschriebenen rassistischen Pöbeleien begrüßten; als hätte das Echo bereits vor dem Eklat existiert.

Der Mann, der Punkt acht Uhr auf die Bühne im Friedrichstadtpalast stürmt, mag von dem sich radikalisierenden Klima in Deutschland kaum etwas wahrgenommen haben. Er war mit sich selbst beschäftigt, hatte in Gera und Erfurt mit Erfolg die Rückkehr geprobt. Alles war gut gegangen in Thüringen, auch auf dem Weg nach Berlin keine besonderen Vorkommnisse, sieht man von dem Polizeischutz ab. Er macht einen hervorragenden Eindruck. Der Smoking sitzt tadellos, das dichte, graue Haar liegt glatt. Sein Gesichtsausdruck: bübisch, siegesbewußt. Gut drauf. Offenbar ganz der Alte. Die Erleichterung im Publikum ist spürbar. Er spricht die Menge an: »Ich freue mich, daß Sie gekommen sind. Und ganz besonders freue ich mich, daß Sie fest damit gerechnet haben, daß auch ich komme.« Seit Jahren eröffnet Juhnke mit der Pointe seine Show, die Begrüßung hat etwas Rituelles. – Das erste Lied: *Heute abend geben wir die Sorgen an der Garderobe ab* – *Wel-*

*Trinklieder, Trotzlieder, Trieblieder:
im Friedrichstadtpalast im Februar 1997*

come to the club. Die Stimme hat Festigkeit, der Vortrag wirkt sicher, nur der Reim erscheint etwas gewagt in Juhnkes Deutsch-Englisch-Cocktail; *ab – club. Club* klingt wie *Klapp.*

»Sagtest du, hast grad ein Tief/Sagtest du, bei dir geht alles schief ...«

Juhnke knüpft sofort das Bündnis mit den Leuten, die bis zu achtzig Mark für eine Karte bezahlt haben; viel Geld in diesen schlechten Zeiten. Er enttäuscht sie nicht. *Komm flieg mit mir,* der zweite Song. Juhnke sprüht vor Energie, und alles, was er macht, wirkt ein wenig forciert, als wolle er die allerletzten Zweifel an seiner prächtigen Form wegwischen. Er intoniert hart, fast schreit er. Die sechsköpfige Mini-Big-Band spielt den Swing mit harten Bandagen.

Es ist nicht leicht, in dem riesigen Revuetheater als Einzelkämpfer durchzudringen. Die technische Einrichtung im Friedrichstadtpalast, einst Honeckers Prestigeobjekt mit Reminiszenzen an die gigantischen Berliner Revuen der zwanziger Jahre, erlaubt Wasserspiele, Massenaufmärsche und filmreife Aufbauten. Die Chorus Line der blonden Tänzerinnen gilt hier als das Markenzeichen. Juhnke hat keine Go-Go-Girls dabei. Er kreiselt an der Rampe. Noch hat er nichts gesagt. Aber ein Stückchen Seele hat er sich gleich aus dem Leib gesungen.

Juhnke sagt die nächste Nummer an, nun schon wieder kokett: »Ich hab das schon lange im Repertoire. Aber ich bin nicht mehr der Meinung. Mich haut kein Rum wirklich um ...« Es ist die deutsche Version des berühmten Cole-Porter-Songs *I get a kick out of you.* Bei Juhnke klingt so etwas mehr nach Hafenbar als nach Carnegie Hall oder Spielcasino. Nach Hans Albers, nicht nach Sinatra: »... Nach sieben Gin bin ich auch noch nicht hin/Champagner mit Wodka dazu/Das haut mich nicht um/Aber du.« Seine Haltung, seine Gestik beschreibt den ewigen Entertainer; mit der linken fest das Mikrofon umklammert, mit der rechten Hand das Blaue vom Himmel heruntergeholt, den Schicksalsschlag markiert, die Sorgen weggewischt. Locker das Knie umspielt, nach einem unsichtbaren Glas gegriffen. »Wahrlich: Mein Leben ist glücklich. Nicht hundert von einer Million haben Glück gehabt wie ich. Und trotz alledem bin ich traurig. Ich bin es, weil König Alkohol bei mir ist.« Die Worte Jack Londons würde jeder Entertainer auf dieser Welt verstehen.

Erst eine Viertelstunde steht er in Berlin wieder auf der Bühne, da leitet schon *My Way* – »Was ich im Leben tat/ das war bestimmt/nicht immer richtig« – die Beichte ein. So nennt er es selbst: »meine Beichte«. Er stellt sich hin, mit ausgebreiteten Armen, und erzählt den Fans eine Geschichte aus der großen, weiten Welt. Wie war das in Los Angeles? Aus Wut über das Las-Vegas-Drehbuch hat er sich einen angesoffen. Sagt er. Und stößt hervor: »Ich bin doch kein Rassist«. Nein, nein, ruft es aus dem Parkett, Beifall brandet kurz auf. Und dann verrutscht die Einlassung des Angeklagten, der hier nicht nur auf mildernde Umstände, sondern auf totalen Freispruch rechnen darf, ins Komische. Daß er nun wirklich kein Rassist sei, könne man schon daran sehen, daß er eine griechische, nein, natürlich eine chinesische Frau habe. Juhnke ist nervös geworden, hat sich versprochen. Er mußte plötzlich an seine langjährige Partnerin der sechziger Jahre, die Berliner Boulevardschauspielerin Chariklia Baxevanos, denken. Und er sagt noch etwas Überraschendes, dessen Bedeutung dem Publikum im Friedrichstadtpalast, der immer noch den verkniffenen Charme der DDR-Unterhaltungskultur atmet, überhaupt nicht verständlich wird. Er sagt, er spiele im Osten, an dem kleinen Maxim-Gorki-Theater, den »Hauptmann von Köpenick«, weil die dort dringend mal wieder einen Erfolg gebraucht hätten. Wer im Osten spielt und singt, kann kein Rassist sein. So hat er es wohl nicht gemeint. Er hat sich nur selbst wieder in Erklärungsnotstand gebracht. Mit einem klaren Wort wird die Ehrenerklärung beendet: Das Problem ist der »Scheiß-Alkohol«. Die Leute im Publikum haben die Interviews in den Gazetten gelesen und die inquisitorischen Fernsehberichte gesehen. Etwas Neues hat er jetzt nicht mehr sagen können. Den TV-Teams und Radioreportern am Ausgang werden sie nachher aufsagen, daß sie selbstverständlich eine Erklärung erwartet haben und daß er seine Sache gut gemacht hat. »Harald beichtet jetzt bei jedem Konzert«, titelt die *BZ* am nächsten Morgen.

Drei bekannte Nummern bringt er noch, dann ist Pause. Das Klaus-Hoffmann-Lied vom »Clown sein«, eine der wenigen stillen Nummern im Programm, treibt die Koketterie bis an die Grenze des Erträglichen, wenn Juhnke singt: »Ich möcht' so gern ein Clown sein/Möcht alles herausschrein/Und wäre so gern geliebt.« Lieben sie ihn nicht alle hier, vom Balkon bis ins Parkett? Und ist er nicht ihr Clown? Interessant sind die Wandlungen der lokalpatriotischen Hymne *Berlin, Berlin*. Im Original heißt der Song *New York, New York*, Frank Sinatra und Liza Minelli haben ihn berühmt gemacht. Auch diese Nummer hat Juhnke schon lange im Repertoire. Nach der Wende kamen die Zeilen »Das Leid ist vorbei/Du bist wieder frei«, eine Erinnerung an Mauer und Teilung. Neuerdings gibt es auch ein Bonbon für die Ostdeutschen dazu: »Dresden ist auch schön ...«. Und er fährt auch noch gleich, weil er es an diesem Abend wirklich eilig hat, die Erwartungen des Publikums zu befriedigen, den »Barfuß oder Lackschuh«-Hit ab.

Er trägt Lackschuhe an diesem Abend, so wie immer. Und er ist auch, wie schon so oft, in der Haltung des Barfüßers vor sein Publikum getreten. Pause: »Sie können jetzt was trinken gehen. Ich verspreche Ihnen, ich trinke nichts.« Juhnke sagt das mit einem Lachen in der Stimme. Es klingt so, als wenn ein Mensch sagt: Ich liebe dich. Es ist eine Verständigungsformel, die sich über die Zeit fast unmerklich abschwächt, in der das Unsagbare, Widersprüch-

In »August, August, August«: Freie Volksbühne Berlin, 1973

liche hörbar mitschwingt. Und es wirkt doch als Beruhigung. Und als Versprechen.

Wenn Juhnke ein wahrer Entertainer ist, dann deshalb, weil er diese Art der intimen Ansprache brillant beherrscht. Der Gegentyp macht sich in den Game-Shows des Fernsehens breit – der Zyniker und Sadist.

Der Abend ist stürmisch, über der Stadt hängt ein fetter Mond. Drüben am Berliner Ensemble, nur ein paar Schritte vom Friedrichstadtpalast entfernt, steht *Der aufhaltsame Aufstieg des Arturo Ui* von Bertolt Brecht auf dem Programm, Heiner Müllers letzte Inszenierung vor seinem Tod. Sie hat dem Schauspieler Martin Wuttke großen Ruhm als Hitler-Darsteller gebracht. Er spielt ihn erst als hechelnden Bluthund der Konzernbosse, dann als brillanten Demagogen. Wuttke läßt jene dämonische Faszination erahnen, die von dem Massenmörder ausgegangen sein muß, anderenfalls ihm nicht die meisten Deutschen gefolgt wären. Ein merkwürdiges Zusammenspiel. Während Harald Juhnke in der Großen Revue sich noch einmal reinwäscht von jenen Hitler-Sprüchen, die er möglicherweise im Vollrausch geklopft hat, tobt am Schiffbauerdamm Brechts lange Zeit als musterhaft antifaschistisch aufgefaßte, mittlerweile von Ambivalenzen geprägte Gangster-Parabel über die Bühne. Und wenige Tage nach dem Konzert im Friedrichstadtpalast kommt ein Film in die Berliner Kinos, der *Gespräch mit dem Biest* heißt. Es ist das Regiedebüt des Schauspielers Armin Mueller-Stahl. In diesem Film lebt Adolf Hitler als 103jähriger Greis in einer Berliner Kellerwohnung. Er sieht sich von Doubles umgeben. Einen von den fünf falschen Hitlern spielt Harald Juhnke. Das Satireblatt *Titanic* wird in der Ausgabe von März 1997 Harald Juhnke mit Nazi-Uniform auf dem Cover haben – den »Sturmbannführer von Köpenick«. Mit der größten Geschmacklosigkeit in den Medien ist immer zugleich die höchste Stufe der Popularität erreicht. In den alkohol- und dunstgeschwängerten Kantinen der großen, gehässigen Theaterstadt wurde zu der Zeit auch noch diese Anekdote erzählt. Harald Juhnke und Frank Castorf fahren für ein Fernseh-Feature über die Berliner Theater im Auto durch die Stadt. Als sie am Brandenburger Tor vorbeikommen, jubeln Passanten »Harald, Harald!«. Kommentiert Castorf eifersüchtig: »Jetzt weiß ich, wie Hitler sich gefühlt hat.«

Wenn Juhnke zum zweiten Teil seines Konzerts wieder erscheint, mit frischem Hemd und offenem Kragen, wird er selbst die Brücke zum Berliner Ensemble und Brecht schlagen. Der Exkurs in der Pause hat vom Weg nicht abgelenkt.

Jetzt kündigt er einen Ausflug in die Vorkriegszeit an. »Du hast Glück bei den Frau'n, Bel-Ami, soviel Glück, bei den Frau'n, Bel-Ami ...« Willy Forsts Lied aus dem gleichnamigen Film von 1939, einer raffinierten Journalistenkomödie nach Maupassant, ist Juhnke nicht auf den Leib geschrieben, den Galan kann er nur grob andeuten.

Aber es gehört zu seiner Selbsteinschätzung, daß er sich nahezu alles zutraut – auch die Rolle des Professor Unrat, die Emil Jannings für alle Zeit geprägt hat. Im Juni 1991 ging eine Meldung durch die Gazetten, die Juhnkes zuweilen euphorisches Selbstbewußtsein illustriert. Von einer Neuverfilmung des Josef-von-Sternberg-Klassikers *Der blaue Engel* war die Rede, Bernd Eichinger sollte das Remake produzieren, als Drehort war Babelsberg im Gespräch, wo auch das Original entstanden war. Und als Partnerin für Juhnke und Nachfolgerin Marlene Dietrichs wollte man Madonna engagieren.

Diese haarsträubende Münchhausen-Geschichte hatte einen gewissen Realitätsgehalt: Den vagen Plan gab es tatsächlich, er scheiterte allerdings schon an der Tatsache, daß eine deutsche Produktion an die Filmrechte nicht herankommt. Eine der großen amerikanischen Filmproduktionsfirmen hält seit Jahren eine Option auf den *Unrat*. Und in der Tat neigt Juhnke solchen Rollen zu, die einen Menschen in Auflösung zeigen; er ist versessen darauf, das zu spielen. Heinrich Manns Gymnasialprofessor liegt ohne Zweifel in diesem Fach, wie *Der Trinker* von Fallada. Unrat verliebt sich in die blutjunge Tänzerin, verfällt seinem Wahn und endet als sabberndes, betrunkenes Monstrum; unrettbar verloren. Madonna, hieß es, habe sich damals ein paar Ausschnitte von Juhnkes Fernsehserie *Preußen-*

korso angesehen. Mit Warren Beatty, ihrem Freund und Manager, habe er auch schon in Amerika telefoniert. Amerika bleibt für ihn das Land der unbegrenzten Peinlichkeiten. Für Madonna wollte er auch endlich Englisch lernen.

Er singt, bis auf einige eingestreute Brocken wie *That's life* und *Bad, bad Leroy Brown*, eisern deutsch. Allein die Vorbilder sind ausnahmslos amerikanisch. Das Juhnke-Repertoire läßt sich in drei Kategorien einteilen. Auf seiner Langspielplatte *Mit beiden Händen in den Taschen* von 1966 finden sich bereits exemplarische Nummern, die er zum Teil auch heute noch singt. Oder: Die neuen Songs variieren im Grunde nur die alten Phrasen.

1. Trinklieder: *Von Bar zu Bar, Ein Whisky zuviel*
2. Trotzlieder: *Ich bin Ich, Ich versetze Berge, Was nützt das schlechte Leben*
3. Trieblieder: *Eine schöner als die andere, Mich nennen alle Frauen Casanova*

Bel-Ami gehört, wenn auch von einer vornehmeren, zu Juhnke nicht recht passenden Aura umweht, zur letzten Kategorie. Juhnke kokettiert mit seiner Verführbarkeit und Treulosigkeit nicht anders als mit der Trinkerei. Es ist genau das, was den Entertainer ausmacht. Anleitung, Verführung zum Genuß. Nicht nur auf diesem Feld, hier aber ohne jede Einschränkung hält Juhnke sich für einen Alleskönner, da er nun einmal zur Selbstüberschätzung neigt. 1976 besang er eine Platte mit Episteln des schwedischen Troubadours und Trinkbarons Carl Michael Bellman – ein künstlerisches Fiasko.

Die meisten Kritiker würden Juhnke einen Brecht nicht ernsthaft zutrauen. Und wenn August Everding, der Generalintendant der Bayerischen Staatsbühnen, Juhnke ermuntert, er solle einmal den *Puntila* spielen, dann ist das auch erst einmal wieder eine Anspielung auf die Juhnkesche Trinkernatur. Brechts Gutsherr Puntila zählt zu den berühmten Saufnasen der dramatischen Literatur des 20. Jahrhunderts. Im Rausch vollbringt Puntila Heldentaten, an die er sich nachher nicht mehr erinnern kann, seine Umgebung zittert vor den wüsten Attacken. Das Stück, im finnischen Exil entstanden, birgt unzerstörbaren Komödienstoff. Aber würde Juhnke dem inneren und äußeren Druck eines Puntila-Engagements standhalten? Und welcher Intendant ginge das Wagnis ein?

Diese Karriere gleicht im Grunde einer Ansammlung ungespielter Rollen – ungenutzter Möglichkeiten. Und sie spiegelt die Schizophrenie des in Deutschland nach wie vor fest eingeprägten Gattungsdenkens und -dünkels wider, dem Juhnke selbst anhängt: »Für mich sind es zwei ganz verschiedene künstlerische Bereiche, auf der einen Seite das Theater, auf der anderen Seite die Show. Ich behaupte immer, das eine Bein ist der Schauspieler, das andere Bein ist der Entertainer. Beide Beine dürfen den Darsteller, ob nun nüchtern oder angetrunken, nicht zum Wanken bringen.«

Im Friedrichstadtpalast schlackert er also wieder mit dem Spielbein. Er singt, er tänzelt, macht kleine Conferencen (legt notabene seine »Beichte« ab). Er tingelt. Das Publikum verhält sich so verschwindend ruhig, als würde es zu Hause vor dem Bildschirm sitzen. Als stünde eine Scheibe zwischen Bühne und Auditorium. Juhnke kitzelt die schweigende Mehrheit mit einem alten Entertainer-Spruch (»Meine Damen und Herren, gestern abend gab es an dieser Stelle tosenden Applaus!«), doch ist er selbst nicht ganz unschuldig daran, daß die Atmosphäre lauwarm bleibt. Denn er führt den Leuten ganz genau das vor, was sie kennen und was sie sehen wollen, die reuigen Worte eingeschlossen und das Versprechen, in Zukunft trocken zu bleiben. Er serviert ihnen den Entertainer, so wie er es einmal beschrieben hat: »Nun gibt es ja Leute, auch Kollegen, die sagen, Juhnke, hör auf, den Entertainer zu machen. – Ich weiß gar nicht, was die wollen. Wenn ich zum Beispiel im Internationalen Congress Centrum in Berlin auftrete, mit einer Sechs-Mann-Band, zweieinhalb Stunden, mit Songs, Sketchen und einer Pause, dann ist die Bude gerammelt voll – fünf Abende, fünftausend Menschen, ausverkauftes Haus – warum soll ich das nicht machen? Die Leute wollen mich auch in dieser Rolle sehen, also spiel' ich sie.« Den Entertainer macht er durchschnittlich fünfzig bis sechzig Mal pro Jahr, auf Konzertreisen und bei Galaveranstaltungen. Juhnke braucht den ständigen Kontakt: »Wie soll sich sonst wissen, ob sie mich noch lieben?« Und so sieht Juhnkes ärgster Alptraum aus: Er verläßt sein Haus, sein Hotel, und das Publikum ist verschwunden, niemand will mehr etwas von ihm wissen.

Jedoch, es ist an diesem Abend nicht das ICC, und die Friedrichstadt-Bude ist auch nicht voll bis unters Dach. Das Publikum zeigt eine gewisse Verunsicherung. Vielleicht weiß man ja auch nicht mehr so genau, wen man vor sich hat. Wie es innen drin aussieht in dem aufgekratzten Spaßmacher. Wie krank er ist und wie lange er dies Leben noch durchstehen kann. Man hält ihm die Treue, und etwas scheint doch zerbrochen zu sein. Die Bilder des Elends lassen sich nicht mehr wegwischen.

Auch als er das Tempo forciert, geht der Saal nur gebremst mit. Jetzt macht er Faxen, und er ist brillant. Jetzt ist er der russische Entertainer *Juhnkow*. Aus dem russisch klingenden Kauderwelsch hört man nur die Worte *Jelzin*, *Kalinka*, *Wodka* heraus. Wodka wird allmählich zu *Selter*.

Er zieht einen Schuh aus, geht auf den Pianisten los. Der soll mit mehr Gefühl in die Tasten greifen. Einer der Musiker muß ihm einen Stuhl bringen, damit er den Lackschuh wieder anziehen kann. »Hinknien kann ich mich nicht, sonst steht morgen in der *Bild-Zeitung*, ›Der Juhnke lag schon wieder auf der Bühne flach‹«, als ahnte er, daß er den Zeitungen schon bald wieder Stoff für Schlagzeilen liefern würde. Auch die Schuh-Nummer ist einstudiert, er hat sie oft gebracht auf seinen Konzertreisen. Doch er kann auch improvisieren: Wenn er nicht hineingeht, muß man eben mit dem Finger nachhelfen – dem Fuß natürlich. Altherrenwitze erzählt Juhnke gern.

Die »Kalinka«-Kosaken-Parodie erinnert an eine Clownsnummer aus dem russischen Staatszirkus. Juhnke spielt auf Jelzins Trunkenheit beim Staatsbesuch in Berlin an, als er sich neben dem Regierenden Bürgermeister Eberhard Diepgen beim Betreten des Botschaftsgebäudes Unter den Linden kaum geradehalten konnte.

Es folgt ein Trotzlied – *Ich glaub, erwachsen werd ich nie*. Und dann der Höhepunkt. Juhnke bricht aus dem Schema aus. Er vibriert. Er legt die *Moritat von Mackie Messer* krachend auf die Bretter. Mit dem berühmtesten Song von Kurt Weill und Bertolt Brecht verabschiedet sich der Entertainer aus dem Friedrichstadtpalast, von der Fernsehbedächtigkeit und dem gestelzten Tingeltangel. Plötzlich scheint er zum Berliner Ensemble hinübergewechselt zu haben oder zum Deutschen Theater; auch das liegt um die Ecke; dort spielen sie die *Dreigroschenoper* als lahme Persiflage. Verkehrte Welt. Denn in diesem Moment singt Harald Juhnke seine Kollegen vom Staatstheater in Grund und Boden.

Er ist fast übermütig geworden. Er will noch einen draufsetzen und verkrampft sich. Brechts Mackie Messer. Und nun noch Shakespeare. Der Säufer-Monolog des Prinzen Johann aus Heinrich IV.:

Ich kenn euch all und unterstütz ein Weilchen
Das wilde Wesen eures Müßiggangs.
Doch darin tu ich es der Sonne nach,
Die niederm, schändlichem Gewölk erlaubt,
Zu dämpfen ihre Schönheit vor der Welt,
Damit, wenns ihr beliebt, sie selbst zu sein,
Weil sie vermißt ward, man sie mehr bewundre,
Wenn sie durch böse, garstge Nebel bricht
Von Dünsten, die sie zu ersticken schienen!

> Wenn alle Tag im Jahr gefeiert würden,
> So würde Spiel so lästig sein wie Arbeit:
> Doch seltne Feiertage sind erwünscht,
> und nichts erfreut wie unversehne Dinge!
> So, wenn ich ab dies lose Wesen werfe
> Und Schulden zahle, die ich nie versprach,
> Täusch ich der Welt Erwartung um so mehr,
> Um wieviel besser als mein Wort ich bin,
> und wie ein hell Metall auf dunkelm Grund
> Wird meine Beßrung, Fehler überglänzend,
> Sich schöner zeigen und mehr Augen anziehn,
> Als was durch keine Folie wird erhöht.
> Ich will mit Kunst die Ausschweifungen lenken,
> Die Zeit einbringen, eh die Leut es denken.

Fast brüllt er den Text ins Mikrofon. Die Stelle ist absolut nicht verständlich. Und Juhnke hat in seinem Streben nach den vermeintlich höheren Weihen von Bildung, Theater und Kultur eine Rolle gewählt, die er schon aus Altersgründen nicht mehr spielen könnte – den jungen Prinzen Johann, der sich auf die Thronbesteigung vorzubereiten hat, jedoch für ein Weilchen »sich dem Müßiggang«, den Saufgelagen unter Anleitung des dicken Falstaff zu widmen gedenkt.

Ein gefährlicher Text. Es ist alles gesagt, alles verraten. Juhnke legt die Betonung darauf, daß er »der Welt Erwartung« täuscht und mit seiner »Beßrung, Fehler überglänzend« die Krankheit überwindet. In dem Königsdrama, das mit seinen Teilen eines der längsten Stücke Shakespeares überhaupt ist, steht diese Rede des Prinzen ganz am Beginn. Ausschweifungen der massivsten Art werden folgen. Der Prinz freilich hat sich unter Kontrolle, wie der weitere Verlauf des Dramas zeigen wird. Juhnke wollte noch einmal hoch und heilig, mit Shakespeare-Worten, Besserung geloben. In Wirklichkeit hat er den nächsten Absturz angekündigt.

Am Mittwoch, dem 26. Februar 1997, titelt die *Bild-Zeitung*: »Polizei führt Juhnke ab – Wieder Wodka! Wieder Randale! Wieder Prügel und Pöbeleien!«

Zwölf Stunden nach dem Konzert im Friedrichstadtpalast sitzt Harald Juhnke auf dem Münchner Flughafen Franz-Josef-Strauß. Zwischenstopp auf dem Weg in die Dominikanische Republik zu den Dreharbeiten für die *Klinik unter Palmen*. An diesem Tag schaffte er es nicht mehr bis Puerto Plata.

In Sekundenschnelle hat er in der Lounge ein paar Drinks gekippt, und das Kreiseln hat begonnen. Andere Fluggäste der ersten Klasse, die auf das Boarding warteten, fühlten sich belästigt, der Kapitän der Condor-Maschine soll es abgelehnt haben, den Star mitzunehmen. Flughafenpolizei und Bundesgrenzschutz erscheinen. Es kommt zum Handgemenge. Harald Juhnke wird ins Krankenhaus gebracht. Peer, sein älterer Sohn, holt ihn vom Flughafen ab. Peer Juhnke ist Arzt.

Zwei Tage nach dem Rückfall von München, der sich in Berlin keineswegs angekündigt hat, bringt die Zeitschrift *Bunte* ein Interview mit Harald Juhnke. Er sagt es wieder: »Alkohol ist eine Krankheit, und eine Krankheit kannst du nicht abstellen wie ein Radio. Es ist wie ein Zwang, das Zeug in den Kopf zu kriegen, um all die Scheiße zu vergessen. Und sofort rennen die Bilder dieser Kampftrinker durch mein Hirn, die sich ratzeputz totgesoffen haben. Burton mit 58, Clark Gable mit 59, Bogart mit 57.« Der Fluch der Vorbilder. Der Fluch der kaputten Stars.

Er sagt wieder: »Ich muß jetzt dringend zwei Monate ins Sanatorium. Und ich appelliere an alle Barkeeper, mir keinen Wodka mehr einzuschütten. Es werden auch zu viele Witze über Alkohol gerissen.«

Und er sagt zum Schluß: »Das Maß ist voll. Wenn ich's diesmal nicht schaffe, gebe ich mir maximal noch ein Jahr.« Ins Sanatorium freilich ist er nicht gegangen. Er hat den *Hauptmann von Köpenick* gedreht.

Die Interviews gleichen quälenden Repetitorien des guten Willens, die Reporter spielen ein ums andere Mal den Exorzisten. Nichts von dem, was Juhnke ihnen in diesen Wochen ins Mikrofon gesprochen hat, ist auf irgendeine Art und Weise neu. Doch muß man einem Menschen nicht um so aufmerksamer zuhören, je öfter er davon spricht, daß er sich selbst zerstört, zerstören muß?

Nummer 3:

Ich bin die deutsche Di – Skandale, Schlagzeilen, Prüfungen ohne Ende

> Die Hölle ist die Heimat des Unwirklichen und der Glückssucher. Sie ist eine Zufluchtsstätte für diejenigen, die aus dem Himmel flüchten, der Heimat für die Herren der Wirklichkeit, und für diejenigen, die von der Erde flüchten, der Heimat für die Sklaven der Wirklichkeit.
>
> G.B. SHAW, MENSCH UND ÜBERMENSCH

Das unvermeidliche Requisit eines jeden Boulevardstücks ist das Sofa. Auf dem Sofa läßt sich alles machen, was das Genre erlaubt und vorschreibt. Das Sofa steht in der Bühnenmitte und dient als Trampolin für beschwipste Ehebruchs-Akrobatik. Kein Boulevardstück ohne Cocktails, keine Affäre ohne Alkohol, und stets muß diese wilde Jagd ein glücklich-glimpfliches Ende finden – auf dem Sofa, dann aber wieder mit der richtigen Besetzung. Von der Versöhnung nach dem Fehltritt lebt der Boulevard, darin liegt – und nicht so sehr im Fremdgehen und Ausprobieren – seine Existenz beschlossen. Und in der ewigen Wiederholung.

Der Star treibt ein »Spiel mit dem Feuer«. Da steht er wieder in einer großen Stadt auf einer Boulevard-Bühne, eine Tournee soll sich anschließen. Aber er findet den Ausgang nicht. Er spielt das Stück – mit einem auch wieder so beziehungsreichen Titel – in der Garderobe weiter, im Restaurant, als wäre er eine Figur des italienischen Theaterrevolutionärs Luigi Pirandello, der in den zwanziger Jahren die Grenze zwischen Schauspieler und Rolle aufhob und mit den Dramen *Heute abend wird aus dem Stegreif gespielt* oder *Sechs Personen suchen einen Autor* die Spaltbarkeit der Psyche demonstrierte. Man kann Pirandello als Komödie spielen, »mit dem Feuer«. Hier aber ist der umgekehrte Fall von Interesse: Eine Boulevardklamotte mutiert zur Tragödie, mindestens zur tragischen Farce. Das Stück im Stück läuft hinter den Kulissen, und das bedeutet bei einer derart prominenten Beteiligung, daß alle Welt daran partizipiert.

Ein schöner Stoff, so aufregend wie alltäglich. Der Schauspieler ist in seine Partnerin verliebt. Er stellt ihr nach, macht Anträge, denen sie nicht ausweichen kann, weil es auf offener Bühne geschieht. Die Annäherungsversuche überschreiten bei weitem das Maß dessen, was die Regie vorsieht. Hinter der Bühne gestalten sich die Avancen noch heftiger. Der Star fängt an zu trinken. Ist plötzlich unauffindbar. Drei Vorstellungen müssen abgesagt werden, und bei den sich anschließenden Tourneeaufführungen in der Provinz springt der Regisseur in die Bresche. Delikat ist auch die finanzielle Seite dieses Katastrophenfalls. Die anderen Schauspieler haben eine Garantie für ihre Gage, und der Veranstalter kann seine Versicherung nicht in Anspruch nehmen, weil Trunkenheit nicht als höhere Gewalt gilt. Indessen bemüht sich der abgestürzte Protagonist darum, seine unglückliche Love-Story an eine Boulevardzeitung zu verkaufen.

»Jetzt hat er den Bogen überspannt. Das Spiel ist aus«, schrieb im Oktober 1979 die *Berliner Morgenpost*: Ein Irrtum, den noch viele begehen sollten. Dieses Spiel folgt zwar gewissen Regeln, doch die Grenzen werden immer weiter hinausgeschoben. Es fing damals überhaupt erst richtig an.

Es war damals beim »Spiel mit dem Feuer« vielleicht gerade Halbzeit, und keiner besaß soviel Phantasie, sich vorzustellen, daß dieser Boulevard-Exzeß – dem Charme der Kollegin Uschi Glas geschuldet – nur eine alsbald in Vergessenheit geratene Episode bleiben würde, eine kleine, wenn auch nicht untypische Skandalübung in einer Laufbahn, die von da an noch steiler, noch schräger, noch hals-

Meet the press: mit Bernd Wilms vom Gorki-Theater

brecherischer nach oben führen sollte. Oder nach unten? So sehr die Konstitution dieses getriebenen Charakters dem Publikum Bewunderung abnötigt, so sehr müßte es im Grunde auch über die destruktiven Kräfte erschrecken, die hier offensichtlich am Werke sind. Doch der Mann, der Katastrophen abonniert hat wie andere ein Theateranrecht, besitzt etwas schier Unzerstörbares. Und auch das wird sich einmal als Irrtum herausstellen, und es wird nicht mehr komisch sein.

1979. Halbzeit in der Chronik davonlaufender Ereignisse; der nächste Hänger ist immer der schwerste. Knapp zwanzig Jahre später, im Februar 1997, gab es, nach etlichen spektakulären Aussetzern, die berüchtigte Amerika-Affäre, und begonnen hatte alles vor vierzig Jahren in Berlin, mit Alkohol, Polizei, Gefängnis.

Das Urteil des Landgerichts Moabit vom 22. Mai 1959

Trunkenheit am Steuer: vor Gericht, 1959

lautet auf Verkehrsgefährdung, Trunkenheit am Steuer, Körperverletzung, Beleidigung und Widerstand gegen die Staatsgewalt. »Ich weiß nichts mehr, mir muß der Faden gerissen sein«, sagte der Angeklagte und fügte hinzu, daß ihm der Vorfall wahnsinnig leid tue. Er muß in dieser Rolle nicht sehr überzeugend gewirkt haben. Auch Juhnkes Leumundszeugen schenkte das Gericht wenig Beachtung. Dabei hatte er durchaus sein Gespür für Situationskomik bewiesen, als er seinen guten Freund, den Boxer Bubi Scholz, zur moralischen Entlastung aufbot; oder er war einfach nur naiv gewesen. Gelächter brach aus im Verhandlungssaal, als Scholz vortrat.

So lief es damals schon: Der Fall hat einen nicht zu leugnenden Unterhaltungswert, und der Angeklagte plädiert auf Filmriß. Ein unerklärliches Angstgefühl habe ihn dazu gebracht, so schnell zu fahren. Und er habe auch nicht bemerkt, daß er verfolgt wurde. Und filmreif muß die nächtliche Jagd durch die südlichen West-Berliner Bezirke auch gewesen sein. Die Blutprobe wird eine Alkoholkonzentration von 1,52 Promille bei dem wildgewordenen Fahrer ergeben. Aus dem Polizei-Protokoll:

»Wenige Minuten nach Mitternacht beobachtete eine Zivilstreife, wie ein Volkswagen drei Ampelanlagen in der Schloßstraße bei rotem Licht überquerte. Die Wachtmeister nahmen sofort die Verfolgung auf. Als der Fahrer des Volkswagens seine Verfolger bemerkte, versuchte er mit Vollgas zu entkommen. Der verfolgte Schauspieler schaltete mehrmals bei voller Geschwindigkeit das Licht aus, überquerte mit hoher Geschwindigkeit Vorfahrtsstraßen und brachte Fußgänger und Kraftfahrer in höchste Gefahr.«

Die Nacht vom 25. auf den 26. Februar 1959 – Juhnke war 29 Jahre alt – erreicht ihren Höhepunkt, als der von schließlich vier Funkwagen gestellte Raser in der Lichterfelder Finckensteinallee den Polizisten einen regelrechten Showdown liefert. Er beschimpft die Beamten mit »Rotzköppe« und »Drecksäue« und droht mit der Roten Armee: »Wenn die Russen erst in West-Berlin sind, werdet ihr schon eure Quittung erhalten.« Bei dem Faustkampf wird einer der Wachtmeister verletzt. Die Russen blieben in ihren Kasernen, aber zwei Jahre später kam die Mauer.

In der Öffentlichkeit erwartet den Delinquenten ein mildes Urteil. Geradezu rührend wirkt aus heutiger Sicht der

Kommentar der *Bild-Zeitung*, wenn man bedenkt, wie dieses Blatt in der Zukunft den Lazarus Juhnke abwechselnd totschreiben und wieder auferwecken wird. *Bild* meinte: »Lassen Sie man, der Fall Juhnke geht vorüber. Er wird bald vergessen sein, überstrahlt von der Leistung auf Leinwand und Bühne.«

1959 war Harald Juhnke noch kein Star, aber bereits ein bekannter Berliner Schauspieler. Und wie alle Berliner Schauspieler war auch er in den Synchronstudios tätig – als deutsche Stimme von Marlon Brando in dem Elia-Kazan-Film *On the waterfront* (Die Faust im Nacken). Das deutsche Synchronunwesen muß als einzigartig in der Welt gelten; in keinem anderen Land wird derart systematisch die Ästhetik ausländischer Filme, deren intregraler Bestandteil der Originalton ist, verdreht. Und so wurde auch Marlon Brando ein Berliner. Doch auch in diesem Fall einer ganz unwahrscheinlichen Ähnlichkeit hat Juhnke sich mit seinem ebenso unwahrscheinlichen Geschick der Anverwandlung dem fernen und berühmten Vorbild genähert, übrigens mit Zustimmung des US-Produzenten Sam Spiegel, der Brandos deutsche Stimme persönlich ausgewählt hat. Juhnke als *tough guy*, mit der »Faust im Nacken«. Immer schon suchte er, der Vergleich mochte noch so absurd wirken, Exkulpation und Erfolg auf der ganz großen Spur.

Doch nicht mit Lederjacke – so hatte er im Synchronstudio Sam Spiegel vorgesprochen –, sondern im schicken Anzug rückt er im Stile eines Dandy in die Justizvollzugsanstalt Tegel ein. Zweieinhalb Monate hat Harald Juhnke im Haus II, der Abteilung für Schwerverbrecher, abgesessen, dazu einige Wochen in der Gefängnisgärtnerei als Tomatenpflücker sowie auf der Krankenstation. Im Oktober 1960 ist er wieder auf freiem Fuß, der Rest der insgesamt siebenmonatigen Haftstrafe wird – nach einer zunächst erfolglosen Berufung – zur Bewährung ausgesetzt. Freunde empfangen ihn mit einer Whiskyflasche vor dem Gefängnistor. Juhnke erklärt, er habe sich zu dem Beschluß durchgerungen, nie wieder ein Auto zu lenken. Und: »Keinen Tropfen mehr!« Die Abstinenz vom Auto hat er durchgehalten, bis heute. Vor der Verurteilung hatte es bereits ein Dutzend Strafbefehle wegen diverser Verkehrsvergehen gegeben.

Seinen ersten Auftritt nach dem Freiheitsentzug absolviert er in dem Wolfgang-Staudte-Film *Der letzte Zeuge*. In der Hauptrolle: Martin Held. Juhnke spielt einen Polizeibeamten. Das paßt ins Bild des Überlebenskünstlers mit einem breiten Repertoire; mal einladendes Imponiergehabe, mal pennälerhafte Büßermiene.

Ein Foto vom Gerichtstag in Moabit zeigt einen betreten dreinblickenden Harald Juhnke, der hier, mit seinem fülligen, nach hinten gekämmten Haar, ein wenig an den damaligen Regierenden Bürgermeister von Berlin, Willy Brandt, erinnert. Rechts neben Juhnke sitzt der Schauspieler Walter Groß, links Bubi Scholz. Der Boxer hat beide Fäuste geballt, als wolle er Juhnke, der die Hände in den Schoß gelegt hat, Mut machen. Im Hintergrund hängt ein Plakat mit den warnenden Worten – »Hör auf deine Frau, fahr vorsichtig«.

Er ist dann überhaupt nie wieder selbst gefahren. Vor Gericht hat Juhnke sich auch nicht wieder verantworten müssen. Keine Juristen mehr, sondern Ärzte werden sich mit ihm zu befassen haben. Und die Medien, die zugleich als Ankläger, Richter, Arzt und Psychiater auftreten. In ihrer Verfolgung von Affären, Fehltritten, Skandalen, die 1959 langsam in Gang kommt, entwickelt sich allmählich eine Spezialdisziplin das Herumschnüffeln in der Familie. Was macht Harald? Das ist der Kriegsschauplatz, und da gibt es keine Deckung. Und dann gibt es noch die Heimatfront: Wie hält Frau Juhnke das aus?

1959 war Frau Juhnke die Schauspielerin und frühere Primaballerina der Berliner Staatsoper, Sybil Werden; Juhnkes Sohn Peer stammt aus dieser ersten Ehe, die nach neun Jahren geschieden wurde. 1955 hatte das Ehepaar Juhnke/Werden seine vierzehn Monate alte Tochter verloren. Juhnke erzählt viele Jahre später, seine Frau habe damals behauptet, das Kind wäre unter Alkohol gezeugt und deshalb zum Sterben verurteilt gewesen: »Die Ärzte haben mir das ausgeredet.« Aber etwas bleibt zurück: ein diffuses Gefühl von Verantwortung für etwas, für das ihn wohl keine Schuld trifft. Der amerikanische Schriftsteller F. Scott Fitzgerald, ein veritabler Alkoholiker, hat diesen äußerst schwer zu definierenden Komplex in dem autobiographischen Essay *Der Knacks* beschrieben: »Im Grunde ist alles Leben ein Prozeß des Niedergangs, aber die Schläge, die das eigentlich Dramatische dabei ausmachen – jene plötzlichen, schweren Schläge, die von außen oder scheinbar von außen kommen, an die man sich erinnert, für die man die Dinge verantwortlich macht und über die man in schwachen Momenten auch zu seinen Freunden spricht–, diese Schläge zeigen ihre Wirkung nicht mit einem Mal. Es gibt noch eine andere Art von Schlägen, die von innen kommen und die man nicht spürt, bis es zu spät ist, etwas dagegen zu tun, bis einem endgültig klar wird, daß man als Mensch nie wieder soviel taugt wie früher.« Fitzgeralds Schlußfolgerung ist gnadenlos: »Die erste Art von Knacks kommt rasch, die zweite kommt, fast ohne daß man es merkt, aber dann spürt man es plötzlich um so mehr.«

1971 heiratet Harald Juhnke zum zweiten Mal. Sohn Oliver kommt zur Welt, und sie taufen ihn mit zweitem Namen Marlon, nach Marlon Brando, einem der ungezählten Idole seines Vaters. Formal hat die Ehe mit Susanne Hsiao, der Tochter eines chinesischen Vaters und einer deutschen Mutter, bis heute Bestand. Harald Juhnke sagt: »Es ist eine Freundschaft geworden.« Seit langem schon ist die frühere Schauspielerin Susanne Juhnke selbst ein prominentes Mediengesicht. Unzählige Male wurde sie mit den Worten »Jetzt reicht's!« zitiert. Unzählige Male wurden ihr Drohungen gegen den untreuen, trinkenden

Harald, Susanne, Oliver und Peer Juhnke

Mann und – stets ein allerletztes Mal – Versöhnungsangebote in den Mund gelegt. Und natürlich interessiert die Frauenzeitschriften die Frage, wo und mit wem Frau Juhnke sich tröstet. Mit dem millionenschweren Industriellen Gilles de Hennessy? Auch Susanne Juhnke wird gejagt, bei jeder sich bietenden Gelegenheit fotografiert. Interviews gibt sie nicht: »Harald redet, ich schweige«. Es sei ihr aber, sagt Susanne Juhnke, sehr viel Geld geboten worden, wenn sie auspacken wolle, wie man das dann so nennt.

In den sechziger Jahren geht Harald Juhnke mit der Boulevardschauspielerin Chariklia Baxevanos eine zehn Jahre andauernde Berliner Traumbeziehung ein. Beide spielen Theater am Kurfürstendamm, das Paar – der offizielle Status heißt »verlobt« – schlägt sein Schlafzimmer gleichsam auf dem Boulevard auf, es pflegt eine offene, vor allem öffentliche Zweierbeziehung im Stil der Stücke, die auf irgendeiner Besetzungscouch anfangen und auf dem berühmten Bühnensofa enden; gespielte Eifersuchtsausbrüche mit realem Hintergrund unter der »Höhensonne der Bühnenscheinwerfer«, wie Juhnke das Milieu in einer seiner Plauder-Biographien beschreibt.

Die Boulevard-Bühnen des Wölffer-Clans bildeten lange Zeit eine Art Familie – ein schier unerschöpfliches Reservoir für Klatschgeschichten und ein Sprungbrett für Karrieren. Manche enden tragisch. Mit dem Schauspieler und Regisseur Harry Meyen war Harald Juhnke seit den späten fünfziger Jahren befreundet. Meyen hatte mit ihm in Berlin Oscar Wildes Komödie *Bunbury* inszeniert. Im Gegensatz zu dem jovial-draufgängerischen Juhnke galt Meyen unter Freunden und Kollegen als introvertiert, arrogant und streng ehrgeizig. Meyen besaß nicht jene ironische Distanz zur eigenen Person, mit welcher Juhnke Krisen und Katastrophen überwindet. Zwischen den beiden wäre es einmal beinahe zu einer handgreiflichen Auseinandersetzung gekommen; und auch diese Fähigkeit, den emotionalen Impuls unverzüglich abzureagieren, gehört zu Juhnkes Überlebensprogramm.

In München verläßt er Hals über Kopf die Dreharbeiten zu einem Fernsehspiel, als er in der Zeitung liest, Chariklia Baxevanos und Harry Meyen, die am Kurfürstendamm gemeinsam auf der Bühne stehen, hätten allem Anschein nach nun auch privat angebandelt. Juhnke steigt in das nächste Flugzeug nach Berlin, die Vorstellung läuft bereits, als er im Theater ankommt. Er macht der Baxevanos eine Szene und ruft nach Meyen. Das Publikum bemerkt den Tumult hinter den Kulissen, der Inspizient greift ein und verständigt die Polizei. Juhnke wird aus Harry Meyens Garderobe abgeführt, er ist betrunken.

Die Tragödie des Harry Meyen kontrastiert in merkwürdiger Weise mit Juhnkes Laufbahn, die ja auch immer wieder in Hoffnungslose abzugleiten droht. Meyen heiratet 1966 die Schauspielerin Romy Schneider, einen Weltstar. Romy Schneiders Biograph Michael Jürgs hat auch entscheidende Daten aus Meyens Leben erst an das Licht der Öffentlichkeit gebracht. Meyen, ein Halbjude, war im Mai 1945 von den Amerikanern aus dem Konzentrationslager Hamburg-Fuhlsbüttel befreit worden, was seine Neigung zu starkem Alkohol- und Tablettenkonsum erhellen mag. Nach der Scheidung von Romy Schneider verfiel er unrettbar der Depression, den Drogen. Romy Schneider hatte gute Gründe, in Frankreich zu leben, in einem künstlerischen Asyl. In Deutschland wurde sie das »Sissi«-Stigma nie wieder los; sie war und blieb bis zu ihrem Tod im Jahre 1982 die »Ex-Sissi«. Und für Harry Meyen – welche Demütigung für einen ehrgeizigen Schauspieler, für einen Mann, der seine geschiedene Frau immer noch liebt! – hielt die Boulevardpresse das Etikett »Ex-Sissis Ex-Ehemann« parat.

Harry Meyen erhängte sich im April 1979. Der Schauspieler, für den sich nach einigen drogenbedingten Eklats die Medien bald nicht mehr interessierten, hatte in seiner Wohnung, von der Außenwelt abgeschnitten, dahinvegetiert. Es heißt, er habe ohne Ende den Sinatra-Song *My Way* gespielt und Anrufern am Telefon vorgesungen. Auch habe er von diversen Treffen mit Frank Sinatra und vielen schönen Mädchen phantasiert. »Hätte ich ein Image wie Harald Juhnke«, soll Meyen in der Endphase gesagt haben, »dann könnte ich mir alles leisten. Dann wäre alles recht. Frauen und Schnaps, je mehr, desto besser.«

Auch Juhnke weiß, daß vieles, wenn nicht alles in dieser Branche vom Image abhängt: »Sei freundlich, wenn du schon Zicken machst. Sei einfach und freundlich. Das ist das mindeste, was man erwartet. Sonst stellt man dir noch ein Bein, nachdem du gestolpert bist. – Harry überhörte den Rat.« Und Juhnke »macht weiter Zicken«. Bleibt freundlich. Gibt sich niemals unversöhnlich. Schlägt einen enervierend fröhlichen, anekdotischen Ton an, als er 1980, knapp ein Jahr nach Meyens Selbstmord, unter dem Titel *Die Kunst ein Mensch zu sein* zum ersten Mal seine »Erinnerungen« auf den Markt wirft. In einer späteren Ausgabe, die 1987 erscheint, erhält das Buch den schnoddrigen Titel *Na wenn schon*; auch das stellt keine Verschärfung dar, es ist ein für Schauspieler-Biographien typischer Slogan: nichtssagend und ein bißchen anmacherisch. Juhnke weiß, daß Zynismus und Arroganz ihm alsbald das Genick brechen müßten – und er hätte reichlich Grund gehabt, sich zynisch über das Fernsehen und die Boulevardpresse auszulassen. Doch in diesem Punkt hält er sich zurück, da überschreitet er im Grunde nie das Maß des Zulässigen. Eskalation auf mittlerem Niveau, gezielte Theatercoups – so könnte die Devise lauten, sofern die Produktion der Kräche und Krisen bewußt vonstatten ginge.

Der Vorwurf, der Harald Juhnke am häufigsten gemacht wird, geht in diese Richtung. Daß er sich nur ins Gespräch bringen wolle, wenn er wieder einmal zugeschlagen hat. Bei einer solchen Argumentation wird aber die Triebhaftigkeit des Schauspielers unterschätzt, die der Alkohol und eine außerordentliche Medienberühmtheit unaufhörlich nur noch befeuern. Nicht umsonst hat ein großer, alter Schauspieler wie Bernhard Minetti herzliche Sympathien für Juhnke empfunden; denn einer wie Minetti, der das Dritte Reich im Schauspielerkostüm erlebte, getrieben von Spielwut und blindem Ehrgeiz, begreift die Wahnwitzigkeit wohl sehr genau, die im Charakter eines Harald Juhnke aufscheint.

Im übrigen ist es nicht an dem Star, den Medien eine härtere oder leichtere Gangart vorzuschreiben. Er liefert den Stoff. Er liefert sich selbst aus. Ob Mitleid, Schadenfreude, Aufmunterung, Ermahnung, letzte Warnungen oder ein Todesurteil herauskommen, darüber entscheidet die Gemütslage der Nation und manchmal einfach auch nur die Nachrichtenlage.

Der Boulevard kann die Rettung gewesen sein. Bis Anfang der neunziger Jahre hat Juhnke regelmäßig in den Sofa-Stücken gespielt. Der familiäre Rahmen, aus dem er zwar des öfteren ausbrach, bietet dem Schwankenden einen gewissen Halt. »Ich kann nicht allein sein«, sagt Juhnke. Aber der Boulevard wurde ihm auch zum Fluch, konnte ihn künstlerisch nicht mehr befriedigen; diese Ambivalenz wohnt jeder familiären Situation inne. Der Fliehende kann gehalten werden, wenn er in den Abgrund zu stürzen droht. Und der Gerettete sinnt auf Flucht, sondiert die Ausgänge.

Es kommt nicht überraschend, daß Juhnke sich in seinem obskuren Buch *Alkohol ist keine Lösung* an Harry Meyen und die frühen Jahre am Berliner Theater erinnert, die er mit Meyen gemeinsam verbrachte: »Wenn wir dann nach tosendem Applaus Erfolg und Triumph feierten, war ich wieder echt glücklich. Das waren Augenblicke, in denen meine seelische Ausgeglichenheit auf jeden Schluck aus der Flasche verzichten konnte.« Juhnke schreibt dies im Jahre 1982. Er befindet sich in ärztlicher Behandlung, und das Schreiben ist Teil der ihm verordneten Selbsttherapie. Merkwürdig ist die möglicherweise unbewußte Verschiebung der Zeitebenen. 1982 liegt die Zeit mit Harry Meyen zwanzig Jahre zurück. Und da sagt er, das schreckliche Beispiel des Kollegen vor Augen, daß es bei ihm noch nie ohne Alkohol lief; und daß der scheinbar unbeschwert aufspielende Jungschauspieler immer schon mit einem Bein im Dunkeln stand. Die schweren Alkoholexzesse, die den Entertainer in seiner Theater- und Fernseharbeit beeinträchtigen, werden erst ab Mitte der siebziger Jahre aktenkundig. Offenbar, das räumt Juhnke in seiner vor Selbstmitleid starrenden Beichte ein, konnte er sich selbst etliche Jahre über das Alkoholproblem hinwegtäuschen – und auch die Medien.

Relative Ruhe hatte an der Medienfront geherrscht, wofür es freilich eine einfache Erklärung gibt. Juhnke war zwar bereits in den fünfziger und sechziger Jahren ein populärer Künstler, doch erst die großen Fernsehshows – *Musik ist Trumpf* übernahm er 1979 nach dem Tod von Peter Frankenfeld – machten den Schauspieler zu dem überragenden Star – zum Entertainer. Die Medienlandschaft hatte außerdem im Vergleich zu heute ein steinzeitliches Aussehen. Die Art von Schlagzeile, die einen Menschen zugrunde richten kann, war allein der Boulevardpresse vorbehalten. Noch waren die elektronischen Medien in Deutschland ausschließlich öffentlich-rechtlich organisiert. Undenkbar damals, daß das ZDF, das mit Juhnke *Musik ist Trumpf* produzierte, sich selbst mit Skandalstories über einen betrunkenen Star in Verruf bringen würde.

Es war eine andere Art von Öffentlichkeit; so biedermeierlich selbstzufrieden wie die gesamte Bundesrepublik bis 1989, und West-Berlin, das »Schaufenster des Westens«, führte ein geschütztes Inselleben.

Als Harald Juhnke in jenen Jahren einmal mit der Privatmaschine des Milliardärs Friedrich Karl Flick an die Côte d'Azur flog, spielte die Besatzung an Bord den *Berlin,*

Berlin-Song. Harald Juhnke hat zwei Berufe. Er ist Schauspieler, Komiker, Entertainer, und er ist Berliner. Und Berufsberlinern ist eine gewisse legendäre Zähigkeit zu eigen.

Doch Anfang der achtziger Jahre, am Beginn einer gewaltigen Fernsehkarriere, scheint Juhnke innerlich am Ende zu sein; der Mythos zeigt Risse. Was allerdings voraussetzt, daß der Schauspieler Juhnke inzwischen zu einem Mythos geworden ist. Jetzt kann Juhnke mit allen Kunstgriffen und Konsequenzen Juhnke spielen; sich selbst entlarven, auseinandernehmen, wieder zusammensetzen; wie ein Perpetuum mobile.

Die Mechanismen des Selbstbetrugs werden außer Kraft gesetzt, rhethorisch zumindest. Juhnke will als Prominenter die Philosophie der »Anonymen Alkoholiker umdrehen« und schreibt:

»Und immer wieder kamen die Verführung und der Rausch aus der weiblichen Ecke. Nichts Bedeutendes, nicht einmal Namen, die ich heute noch nennen könnte. Ich hatte meine Frau längst viele Male betrogen. Fast jede Partnerin vor den Kulissen wurde meine Bettgenossin hinter den Kulissen. Das schlechte Gewissen, die Sucht nach Ablenkung, das alles wurde zu dieser Zeit zu meinen schwachen Seelenstützen. Ich war ein zweifach Narkotisierter. Die kühle Flasche am Tag, das heiße Weib in der Nacht. Die doppelte Betäubung machte mich fast handlungsunfähig.«

Was immer Juhnke zu der Niederschrift dieser Bekenntnisliteratur bewegte – es wurde weiter geschwindelt. Es wurden halbe Wahrheiten gedrechselt; schuld war also das Weib!

Die schwere Krise der frühen achtziger Jahre hatte sich lange angedeutet.

»Betrunken! Harald Juhnke auf der Bühne zusammengebrochen«, meldet im November 1975 die *Bild-Zeitung*. Von nun werden Juhnke und *Bild* unzertrennliche Partner sein. Der Vorfall von Bad Oeynhausen, über den das

Blatt detailliert berichtet, gehört zu den schlimmeren. Juhnke tourt mit der Kollegin Gaby Gasser und der Boulevardkomödie *Bleib doch zum Frühstück*. Doch er bleibt nur bis zur Pause; die Zuschauer erleben einen lallenden, torkelnden Schauspieler, der von der Bühne ins Krankenhaus gebracht werden muß. Nach einer kurzen Behandlung verschwindet Juhnke gegen den ärztlichen Rat in einer Kneipe.

Kaum ein Jahr später spielt sich wieder das gleiche ab. Ort der Handlung ist diesmal Köln, auf dem Programm steht *Hokuspokus* von Curt Götz, die Vorstellung wird abgebrochen wegen Trunkenheit auf der Bühne. In der *Bild-Zeitung*, die inzwischen wie ein täglicher Informationsdienst für die Fans funktioniert, erklärt der Siebenundvierzigjährige: »Ich saufe mich zu Tode.« In der *BZ* heißt es im November 1976 auch noch: »Ich werde nie wieder Theater spielen.« Juhnke und die Boulevardpresse arbeiten nach dem gleichen Prinzip, ergänzen sich prächtig. Beide Seiten schwindeln, lügen, übertreiben. Sie erheben das Schlagzeilen-Theater zu einer ausgereiften Kunst.

Und diese Kunst treibt teuflische Blüten. Als *Bild* im November 1981 meldet: »Juhnke wollte sterben«, kann sich die Schlagzeilen-Maschine auf eine sichere und beständig übersprudelnde Quelle berufen. Juhnke selbst, heißt es im Text, habe abends in der Redaktion angerufen und gedroht: »Ich bring mich um. Ich mache es wie mein Freund Harry Meyen.« Ein Reporter fliegt sofort zum Interview. Harald sitzt in einer Kur-Klinik und erzählt von Harry, übernimmt die Rolle des Toten. »Harry hat gesagt, Harald, ich habe so eine Todessehnsucht, die wird immer stärker. Damals hab' ich Quatsch gesagt, heute begreife ich ihn. Er war allein. So allein, wie ich mich jetzt fühle.« Kann man das Rufmord nennen – mit Beteiligung des Opfers? Scheinheilig die Erwiderung des *Bild*-Emissärs: »Aber Sie sind nicht allein. Wir sind da. Das ZDF ist da, wartet auf Sie. Ihre Zuschauer wollen Sie.«

Ich bin der Größte: Willkommen im Club

Diese Affäre erschüttert die Nation, und sie wird sich allmählich an diese Art von Beben gewöhnen. Nur damals war die Sache mit dem ZDF noch von höchster Brisanz. Juhnke war im Zweiten Deutschen Fernsehen ein Auserwählter! Dazu muß man die Vorgeschichte betrachten.

Auf der Beerdigung des altgedienten Showmasters Peter Frankenfeld im Januar 1979 war Juhnke von Vertretern des ZDF angesprochen worden. Die Frage, wer Frankenfeld in der ZDF-Show *Musik ist Trumpf* beerben und damit zum Herren des heiligen Samstagabend-Unterhaltungsprogramms würde, hatte staatstragenden Charakter. Juhnke bekommt den Zuschlag. Man kennt ihn, und er soll mit eigenen Showeinlagen auch neue Akzente setzen. Man kennt ihn doch nicht. Juhnke steigt der Entertainer-Ruhm blitzschnell zu Kopf, er hält sich, nicht ganz zu Unrecht, für den Größten und den einzigen, der so eine Show in Deutschland stilvoll moderieren kann. Als später einmal Gerüchte auftauchen, das ZDF wolle ihn durch Günter Pfitzmann, einen Berliner Schauspielerkollegen, oder Elmar Gunsch, einen gemütlichen TV-Plauderer, ersetzen, läßt Juhnke sein unnachahmliches Selbstbewußtsein aufblitzen: »Das wäre ja genauso, als wenn man Frank Sinatra durch Silvio Francesco oder Heino ersetzen möchte – womit ich nichts gegen diese netten, sympathischen Kollegen gesagt haben will.«

Mit *Musik ist Trumpf* ist ein Fabelwesen, ein absurder Dauerbrenner, ein Ding der Unmöglichkeit in die Welt gesetzt: der »deutsche Sinatra«. Dieser halsbrecherische Unfug wird Juhnke fortan auf Schritt und Tritt begleiten; er kann, er will sich nicht dagegen wehren. Peter Gerlach, Anfang der achtziger Jahre Unterhaltungschef beim ZDF, hat noch eine andere Chimäre ausgemacht, die seinen Star reitet. Er nennt sie »Frau Angst«, und: »Sie hat die Füße von Fred Astaire, die Stimme von Sinatra, die Whisky-Hand von Dean Martin und den Charme und den Erfolg von allen dreien.«

In der Zeit von *Musik ist Trumpf* begibt sich Juhnke mehrere Male in ärztliche und psychiatrische Behandlung. Den Medien entgeht keine einzige Visite. Und Juhnke plaudert, wenn nicht gleich in den Zeitungen, dann nachher in seinen Erinnerungen, treuherzig-trotzig sämtliche Einzelheiten aus. »Krank bin ich nicht«, lautet der Refrain. Der Sommer des Jahres 1981 war ein Juhnke-Sommer. Meldungen über Scheidung, Zusammenbrüche, geplatzte Theatervorstellungen, Krach mit Kollegen stapeln sich. In der *Zeit* reimt Dieter Höss:

> Die Nachrüstungsdebatte? Lang
> entlarvt als linke Masche.
> Nur eins fragt sich ganz Deutschland bang:
> Greift Harald doch zur Flasche?

Der Haushalt '82? Kaum
ein Thema unter vielen.
Nur eins verfolgt das Volk im Traum:
Wird Harald Hamlet spielen?

Die Kriegsgefahr im Orient?
Kein Grund für schweren Schlummer.
Nur eins uns auf den Nägeln brennt:
Hat Harald Liebeskummer?

Der atomare Overkill?
Kein Grund für Kummerfalten!
Doch alles bangt und betet still:
Bleib, Harald, uns erhalten.

Hamlet wird es nicht. Doch Harald Juhnke spielt verrückt, so somnambul-gezielt wie der Dänenprinz. Es ist Oktober geworden. In der deutschen Fernsehunterhaltung bricht eine Welt zusammen: Harald Juhnke, Nachfolger des braven Peter Frankenfeld, schmeißt die Live-Sendung *Musik ist Trumpf*. Das ZDF quittiert den Skandal mit der fristlosen Kündigung. Im März 1982 meldet das *Hamburger Abendblatt*: »ZDF: Neuer Vertrag mit trockenem Juhnke.« Eine Fernsehzeitschrift hatte kurz zuvor den geschaßten Entertainer mit den Worten zitiert: »Harry Meyen wartet schon auf mich.«

Wann hätte Harald Juhnke jemals gegen ein Presseorgan geklagt? Läßt sich das Persönlichkeitsrecht, falls etwas Derartiges für einen Star wirklich existiert, noch nachhaltiger und mutwilliger verletzen, als es bei Harald Juhnke über Jahrzehnte mit System geschieht? Aber wo beginnen mit der Klage? Und wann wären juristische Schritte, falls Juhnke so etwas jemals erwogen hat, noch möglich gewesen? Juhnke weiß – es wäre wirklich Selbstmord, sich mit der Presse anzulegen. Opposition zahlt sich in seinem Fall nicht aus. Denn König Entertainer will regieren. Juhnke und der größte Teil der bundesdeutschen Medien bilden eine Große Koalition. Und wenn sie auch nicht ewig hält, hat sie doch bereits die alte Bundesrepublik um einige Jahre überlebt.

1982 erscheint das Buch *Alkohol ist keine Lösung*. Es erweist sich als Bumerang. Der Autor beginnt eine neue Trinkrunde, läßt Konzerte (Motto: »Musik bleibt Trumpf«) ausfallen und verliebt sich in eine 24jährige Schweizer Journalistin, die Ghost-Writerin seiner in Schlaumeier-Manier hingelallten Alkoholismus-Exegese. Das Jahr hält weitere Überraschungen bereit. Juhnke verkündet im April: »Jetzt habe ich die Schnauze voll, ich wandere aus. Hier finde ich ja doch keine Ruhe, hier gehe ich kaputt.« Nimmt ihn noch jemand ernst? Im Oktober kreiselt Juhnke wieder, aus unerfüllter Liebe zu der 17jährigen Desirée Nosbusch, einem Teenager-Fernsehstar. Die Dreharbeiten zu einer ZDF-Sendung müssen abgebrochen werden.

Das setzt sich fort und wiederholt sich jetzt wie die alljährlichen Tarifrunden. Juhnke kennt keine Friedenspflicht, das Fernsehen – er ist inzwischen bei der ARD gelandet – antwortet mit Aussperrung. Und der Star streikt.

März 1983: Juhnke begibt sich in die Baseler Psychiatrische Universitätsklinik zu Professor Paul Kielholz in Behandlung, wo auch Prinz Claus, der deutsche Gatte der niederländischen Königin Beatrix, Heilung sucht.

Juli 1983: Juhnke läßt eine Tourneetheater-Vorstellung im österreichischen Bad Hofgastein platzen.

Es kommt im Sommer 1983 zu einer Begegnung der unheimlich komischen Art. Schauplatz ist das Kölner Theater am Dom, ein Boulevardtheater. Dort ist Juhnkes Freund Paul Hubschmid engagiert. Juhnke, von der Bildfläche verschwunden, beschließt, seinen alten Kollegen in Köln zu besuchen. Er wartet während der Vorstellung in der Garderobe, will Hubschmid überraschen. Doch die Zeit wird ihm zu lang. Juhnke begibt sich auf die Bühne. Nach kurzer Irritation improvisiert Paul Hubschmid mit dem offensichtlich angeheiterten Eindringling einen Sketch. Die Presse schreibt: »Rasendes Publikum, begeisterter Applaus.« – Doch nicht immer wissen die Zuschauer derartige Ein- und Ausfälle nach dem Pirandello-Prinzip zu schätzen, ganz zu schweigen von den Veranstaltern. Die schwarze Serie geht weiter.

Februar 1984: Im Hamburger Congreß-Centrum kann Juhnke das Theaterstück *Ein klarer Fall* nicht zu Ende spielen.

März 1984: Die Affäre mit der brasilianischen Tänzerin Celia Barbier wird publik.

Oktober 1984: Das ZDF trennt sich endgültig von Juhnke.

Januar 1985: »Juhnke brach eigenen Rekord – 3 Monate trocken«, meldet *Bild*.

April 1985: Die ARD kündigt Juhnke.

Juli 1985: Eine Tournee durch die Kurorte Travemünde, Bad Bevensen und Bad Hersfeld platzt.

August 1985: »Landen, ich will tanken.« Juhnke bedrängt auf einem Charterflug von der Nordseeinsel Borkum nach Hamburg (200 Kilometer) den Piloten.

Dezember 1986: Juhnke erleidet im Theater am Kurfürstendamm in dem Stück *California Hotel* einen Schwächeanfall.

Mai 1987: In Hilden bricht Juhnke seinen Auftritt vor Gästen einer Kaffeefahrt mit Gesundheitskissen-Verkauf ab.

März 1989: »Aus persönlichen Gründen« wird eine 23-Städte-Tournee *Um 8 kommt Harald* nach vier Vorstellungen abgesagt.

Dezember 1990: Juhnke liegt nach einem Alkohol-Exzeß auf der Intensivstation der Berliner Schloßpark-Klinik.

August 1991: Juhnke irrt betrunken durch Berlin.

Januar 1992: Juhnke schmeißt seinen Auftritt zur 775-Jahrfeier der Stadt Oranienburg.

April 1993: In Hamburg wird ein geplantes Wohltätigkeitskonzert zugunsten eines Kinderhilfswerks wegen Trunkenheit des Entertainers abgesagt.

Mai 1993: Das Gastspiel der Staatlichen Schauspielbühnen Berlin bei den Mülheimer Theatertagen mit Peter Turrinis *Alpenglühen* fällt aus. Hauptdarsteller Harald Juhnke habe sich im Termin geirrt, teilt die Theaterleitung mit.

Oktober 1994: Im ausverkauften Berliner ICC gibt der Entertainer Harald Juhnke sein »Abschiedskonzert«. Er habe immer noch, wie er sich ausdrückt, »den Dampf eines Bügeleisens, nur entkalken« könne man ihn nicht mehr.

Die Aufstellung täuscht. Sie muß in die Irre führen, und dies in mehrerer Hinsicht. Juhnke hat in dem abgesteckten Zeitraum gearbeitet wie ein Besessener. Er hat Theater gespielt, sich dabei neue Felder erschlossen, und er war stets im Fernsehen präsent. Die Skandalchronik ist als Kehrseite einer ungebrochenen Arbeitswut zu lesen, die mit immer noch anwachsender Popularität einhergeht. Sie zeigt aber auch, daß Juhnke sich mit allen Mitteln auf die Jagd nach der Droge begibt, und diese Droge heißt Applaus. Heißt Öffentlichkeit. Heißt Geldverdienen. Die Sucht nach dieser Droge ist die gefährlichste, und der Alkohol ist das Mittel zum Zweck. Juhnke sagt: »Ich brauche viel Champagner, bis ich der bin, der ich sein möchte.« Und er beruft sich nicht auf Marlon Brando, nicht auf Frank Sinatra, nicht auf Dean Martin, sondern – Fluch eines Stars, der dazu verurteilt scheint, ein lebensgefährlich naiver Fan zu sein! – auf Humphrey Bogart. Weil Bogart gesagt haben soll, er brauche verdammt viel Whisky, bis er endlich den richtigen Ausdruck im Gesicht habe.

Harald Juhnke macht sich etwas vor: Er spielt sich selbst, wenn er mit der Flasche zu kreisen beginnt. Er spielt, mit erschütterndem Erfolg, einen Schauspieler am Rande der Katastrophe, einen Komiker (alle erstrangigen Komiker sind menschliche Punching-Bälle), eine Comic-Figur, die zum Vergnügen der Zuschauer die raffiniertesten Torturen und Unfälle übersteht. Doch es gibt Krisen, die abgesagte Tourneen und geplatzte Shows als Kleinigkeiten erscheinen lassen, läppisch und alltäglich; Krisen, die das nackte Elend offenbaren. Den Star in der Gosse.

So geschah es im Dezember 1994.

Die Mediziner unterscheiden fünf Trinker-Typen, kategorisieren sie mit griechischen Buchstaben von Alpha bis Epsilon. Die Charakterisierung des Epsilon-Trinkers, eines »Typus sui generis«, vulgo Quartalsäufers, spricht vom Alkohol als einem »Psychopharmakon gegen Streßsituationen und Depressionen. Im Verlauf der Krankheit verkürzen sich die Intervalle zwischen Nüchternheit und Trunkenheit. Die Begegnung des Trinkers mit seinen Mitmenschen ist selten von viel Ehrlichkeit getragen. Der Kranke verspricht viel, verkleinert sein Problem – er trinkt ja kaum etwas, die paar Gläser sind nicht der Rede wert, außerdem hat er schon aufgehört, er wird nie wieder trinken. Halten kann er diese Versprechen nicht.« (Schmidbauer/vom Scheidt, *Handbuch der Rauschdrogen*)

Im Dezember 1994 fällt Harald Juhnke in einen wochenlangen Rausch, und die Öffentlichkeit nimmt an jeder Phase des Dramas minutiös Anteil. Besondere Umstände führen dazu, daß der Protagonist, der seine Seele im Glas auflöst, zum gläsernen Menschen wird. Zum einen spielt das Drama in Berlin, Juhnkes Heimatstadt, zum anderen ist der Schauplatz ein Hotel, kein Sanatorium, kein Privathaus; die Medien haben ungehinderten Zugang, das heißt: einige Medien. Die *Bild-Zeitung* und vor allem die *BZ* genießen in Berlin Heimvorteil und schlachten diesen weidlich aus. Außerdem handelt es sich bei diesen Blättern nach wie vor um die Hauptorgane der Juhnkeschen Hofberichterstattung. König Entertainer im Alkoholreich läßt keine anderen vor. So glaubt er die Schmutzlawine bis zu einem gewissen Grad mitsteuern zu können.

Die Lawine rollt.

Bei Konzerten im westdeutschen Raum lernt Harald Juhnke, 65, die Schülerin Christiane Weigang, 18, kennen. Sie treffen sich in Trier und in Bonn, führen nächtelange Gespräche. Pläne werden geschmiedet, der Mann spricht von der Scheidung seiner 25jährigen Ehe, das Mädchen will mit der 12. Klasse von der Schule abgehen. Vom Heiraten ist die Rede. Anfang Dezember erscheinen die ersten Artikel über die jüngste Affäre, die nach bekanntem Muster abläuft. So jedenfalls die Darstellung der Presse, die Informationen kommen aus erster Hand, denn der Hauptdarsteller dieser Lolita-Show hat persönlich seine Journalisten eingeweiht: Wieder Alkohol, wieder eine neue Verliebtheit, und was zuerst kam, das Trinken oder das Mädchen, läßt sich auch wieder nicht mit Bestimmtheit sagen. Dann kommt das Paar nach Berlin. Der Mann bringt das Mädchen in sein Haus, will der Geliebten, wie sie später erzählt, ein Video von Frank Sinatra zeigen, denn »Harald liebt Sinatra«. Harald liebt ein Mädchen, das seine Enkeltochter sein könnte. Das Mädchen Christiane findet nichts dabei, der Altersunterschied macht ihr nichts aus, im Gegenteil; wegen der frühen Scheidung ihrer Eltern sei sie ohne Vater aufgewachsen, und jüngere Männer könnten ihr nichts geben.

Die *BZ* wird sich die Mühe machen, mit Hilfe eines Computerdiagramms nachzuweisen, daß die 18jährige Geliebte verblüffend dem Jugendbild der dreißig Jahre älteren Ehefrau nahekommt. Das Diagramm ist so aufgebaut, daß die Fotos auf der linken Seite Christiane Weigang in ihrem voraussichtlichen Alterungsprozeß zeigen, während sich auf der rechten Seite Susanne Juhnke im Zeitraffer verjüngt. In der Mitte steht das errechnete Bild einer attraktiven und intelligent wirkenden Frau von etwa dreißig Jahren; eine gespenstische Vision.

Nach ein paar Tagen kehrt das Mädchen noch einmal nach Hause zurück, ins Rheinland. Der Mann zieht ins Hotel, und von diesem Augenblick an werden die Män-

Alle meine Bücher

ner von *Bild* und *BZ* wochenlang nicht mehr von seiner Seite weichen.

Man vernimmt jetzt schon das Donnern der Lawine.

Das Mädchen kommt umgehend wieder nach Berlin, als der Mann sie aus dem Hotel anruft. Es ist kurz vor Weihnachten. Vor dem Interconti lagert ein Riesentroß von Reportern, Fotografen, Kameraleuten. Wie sie ihren Freund schließlich wiedertraf, hat Christiane Weigang später dem *SZ-Magazin* in Ruhe erzählt: »Harald war nicht da. Ich wartete eine ganze Weile. Schließlich kam er mit den beiden Reportern, die unsere Geschichte schon veröffentlicht hatten, in die Hotelhalle. Die beiden Typen waren von der *BZ* und der *Bild-Zeitung*. Die haben dann die ganze Zeit bei uns rumgehangen. Und alle anderen haben vor der Tür auf Sensationen gewartet.« So funktioniert der Sensationsdeal: »Sie haben uns vor den anderen Journalisten abgeschirmt. Dafür konnten sie dableiben.« Das Mädchen begreift, was für eine gewaltige Katastrophe im Gange ist. »Ich konnte mich dagegen nicht wehren. Die sind einfach dageblieben. Die haben gesagt, sie kennen den Harald seit etlichen Jahren, sie hätten ein Recht darauf.« Das Mädchen traut sich nicht, die Journalisten von *Bild* und *BZ* vor die Tür zu setzen; und der alte Mann kann seiner kleinen Freundin nicht helfen, er trinkt den ganzen Tag und fällt immer wieder in Tiefschlaf.

Die Schlagzeilen, die in der Interconti-Suite 1015 vorbereitet werden, gaukeln Mitgefühl vor: »Harald Juhnke – Wer kann ihn retten?«, »Harald – bitte hör auf!«

Er kann nicht aufhören. Und die Reporter in der Säufer-Suite wissen das. Sie unternehmen auch nichts, das Drama zu beenden. Sie arbeiten rund um die Uhr – als Bodyguards, als Krisenmanager. Sie malen in ihren Berichten den Teufel an die Wand, und sie gerieren sich als Exorzisten. Sie triumphieren: »Unten füllt sich die Hotelhalle mit TV-Teams – sie haben *Bild* gelesen ...«

Im Zimmer klingelt pausenlos das Telefon. Margarethe Schreinemakers, Thomas Koschwitz, Thomas Gottschalk wollen mit Juhnke sprechen. Am aufregendsten wäre eine Live-Schaltung aus dem Berliner Interconti-Hotel in ihre Talk-Show.

Von der Titelseite der *BZ* am 22. Dezember grüßt ein derangierter älterer Herr mit halbvollem Weinglas. Hinter ihm steht ein Mädchen, es lächelt in die Kamera, ein bißchen verlegen, ein bißchen kokett. So ähnlich sehen alle Fotos der Interconti-Session aus; Christiane schaut nach vorn, wie bei einer Urlaubsaufnahme, Harald sucht ihre Augen, starrt ins Leere.

Am 23. Dezember heißt der *BZ*-Aufmacher »Juhnke – das Drama geht weiter«, und es gibt neue Fotos; Harald und Christiane beim Frühstück auf dem Zimmer, auf dem Tisch stehen mehrere Flaschen Bier; Christiane hat Boxer-Shorts für ihren Freund gekauft; Christiane steht vor einem Juhnke-Plakat, das eine Lesung aus dem neuen Buch *Was ich Ihnen noch sagen wollte* ankündigt – mit dem Aufkleber »Entfällt«. Das Foto auf der Titelseite zeigt Harald im Bademantel, von Christiane gestützt; er hält die *BZ* vom Vortag in der Hand. Darüber ein Foto des Ehepaares Susanne und Harald Juhnke. Innen drin steht: »Ich saufe mich zu Tode. Wie Dean Martin.« Natürlich ein authentisches Zitat.

An diesem Tag trifft Christiane Weigangs Mutter Roswitha in Berlin ein. Sie holt ihre Tochter aus dem Hotel ab und rät dem Schauspieler zu einer Entziehungskur. Die beiden Frauen bekommen den Heimflug nach Köln-Bonn von der *BZ* bezahlt. Sie werden vor ihrem Haus von einem RTL-Team erwartet, auch im Hausflur stehen Reporter. Für Christiane W. ist die Geschichte zu Ende.

In Berlin strebt das Drama indessen seinem publizistischen Höhepunkt zu. Die Lawine ist im Tal angekommen, der Verschüttete wird, wie in einem Wunder, geborgen.

Am 24. Dezember, Heiligabend, titelt *Bild*: »Juhnke wieder nach Hause, dann Klinik – Verzeiht ihm seine Frau?« Daneben steht ein Foto der schätzungsweise 25–30jährigen Susanne Juhnke; eine besondere Perfidie.

In der vorangegangenen Nacht hat Juhnke das Hotel über den Personalaufzug verlassen. In einem Auto der *BZ* wird er ins Martin-Luther-Krankenhaus gefahren.

Am zweiten Weihnachtsfeiertag erscheint Harald Juhnke elegant gekleidet zu einem Galadiner im Schloßhotel Vier

Jahreszeiten. Susanne Juhnke feiert ihren 50. Geburtstag. Bei solchen Gelegenheiten pflegt der Entertainer als kleines Dankeschön Sinatras *My Way* vorzutragen. In ihrer Neujahrsausgabe, am 1. Januar 1995, erklärt die *BZ* »Harald gegen die Flasche« zum »Duell des Jahres« und Susanne Juhnke zur »Gewinnerin« des Ehekriegs – weil sie die Ruhe bewahrt habe.

Es ist ein langer Weg. In einem Gespräch mit dem *Tagesspiegel* vom Februar 1995 bezeichnet sich Harald Juhnke als »deutsche Prinzessin Di« und entdeckt bei der Gelegenheit auch noch eine andere Seelenverwandtschaft – mit Mozart. Denn »Mozart konnte doch maßlos ordinär sein und schreckliche Dinge treiben und auf der anderen Seite diese wundervolle zärtliche Musik schreiben«. Der frühe, ungeklärte Tod des Komponisten kommt dabei nicht zur Sprache. Es ist ein langer Weg, und er scheint im Kreis herumzuführen.

August 1995: Juhnke liegt nach einem Kreislaufkollaps tagelang auf der Intensivstation.

September 1995: Auf einer Veranstaltung der Berliner Festwochen im Berliner Ensemble soll Harald Juhnke den russischen Poeten Jewgeni Jewtuschenko treffen. Juhnke sagt kurzfristig ab, für ihn springt der todkranke Dramatiker Heiner Müller ein. Müller trinkt auf der Bühne Whisky, Jewtuschenko Wodka.

Januar 1996: Juhnke ohrfeigt Dina Speranza, eine Reporterin von RTL, die ihn vor seiner Villa in der Lassenstraße im Grunewald erwartet. Dem *Stern* gibt er zu Protokoll: »Man säuft, um zu saufen.«

Frühjahr 1996: Juhnke sagt eine Show in Berlin ab. Am Maxim-Gorki-Theater fällt er einige Wochen später für den »Hauptmann von Köpenick« aus, seine Regisseurin Katharina Thalbach übernimmt die Rolle.

Januar 1997: Gelage mit dem Rocksänger Udo Lindenberg in einem Hamburger Hotel. Die *BZ* meldet: »Jetzt

Ohrfeige für eine Journalistin

trinkt er mit dem Tod. Die Ärzte wissen: Der nächste Absturz kann der letzte sein.«

Februar 1997: Abreise in die USA. Geplant sind Dreharbeiten in der Showmetropole und Spielhölle Las Vegas. Im Hollywood-Hotel Mondrian kommt es alkoholbedingt zu einem schweren Zwischenfall. Das Las-Vegas-Projekt platzt.

Juni 1997: Juhnkes angebliche rassistische Äußerungen gegenüber einem schwarzen Amerikaner haben keine strafrechtlichen Folgen. Die Berliner Staatsanwaltschaft stellt das Ermittlungsverfahren wegen Beleidigung bzw. Volksverhetzung ein.

Juni 1997: Am Vorabend seines 68. Geburtstags taucht Juhnke alkoholisiert im Bayerischen Hof in München auf. Die Termine für die ZDF-Sendungen *Leute heute* und *Versteckte Kamera* werden abgesagt. Juhnke habe eigentlich nur das getan, was Millionen Deutsche an ihrem Geburtstag tun, aber er habe »mehr getrunken als normal«, erklärt Manager Peter Wolf. Der Beginn der Dreharbeiten für den Fernsehfilm *Fröhliche Chaoten* verzögert sich. Juhnkes Partnerin ist Uschi Glas. Juhnke klagt: »Soll ich denn der einzige in Deutschland sein, der an seinem Geburtstag kein Glas trinken darf?«

Juli 1997: In einem Interview erzählt Juhnke, wie nahe er schon einmal dem Tod gewesen ist und was er dabei gesehen und erfahren hat. »Voriges Jahr, bei meinem Zusammenbruch im April, haben mich die Ärzte im Martin-Luther-Krankenhaus wieder zurückgeholt. Ich war drei Minuten tot. Mein Gott, wird man sagen, was sind schon drei Minuten? Aber bei fünf ist schon Schluß, da kommt man unter Umständen nicht mehr zurück ... Es war alles in rosé. Ich hab' mich liegen sehen, als ob ich irgendwo auf 'ner Brücke stehe und unten – liegt er: Als ich dann aufgewacht bin, habe ich gefragt, warum sie mir die Schulter ausgerenkt haben. Das waren die Schmerzen von der Herzmassage.«

August/September 1997: Wochenlanger »Heilschlaf« im Martin-Luther-Krankenhaus nach einem mehrtägigen Vollrausch.

Es gibt eine Bühne, auf der Juhnke mit dem Teufel tanzt. Das ist das Interview. Er beherrscht diese Form der Boulevardkomödie wie kein Zweiter seines Fachs. Da kann er alles erklären, und er bewahrt doch sein Geheimnis. Juhnke-Interviews sind wie Striptease-Nummern, bei denen er Hülle um Hülle fallen läßt, um sich am Schluß wieder in Verkleidung zu präsentieren: elegant oder elend. Der Juhnkesche Exhibitionismus gleicht einem Schutzpanzer. »Ich nehme sogar die *Bild-Zeitung* immer in Schutz«, hat er der *Berliner Zeitung* im Januar 1996 erklärt: »Man muß sich mit diesen Leuten arrangieren, weil eben gewisse Dinge passiert sind, die man nicht vertuschen kann und die ich auch gar nicht vertuschen will. Aber wenn zum Beispiel solche bösen Geschichten passieren wie mit der schrecklichen RTL-Tante, die mir vor meinem Haus aufgelauert hat, hört der Spaß auf.«

In Wahrheit war die »Ohrfeigen-Affäre« nur eine kleine Rangelei, eine dann auch wieder in sämtlichen Medien aufgebauschte Lappalie, und RTL hat Bilder davon überall vermarktet.

Der Berliner Regisseur Andrzej Woron hat in einer seiner Theaterkreationen ein unübertreffliches Bild für die Trinkernatur erfunden: Er zeigte einen Mann mit einer Flasche, die wie eine Eieruhr konstruiert war und zwei Hälse hatte. War die eine Hälfte leergetrunken, drehte der Trinker die Flasche um und leerte die andere Hälfte. Die Flasche war immer halbvoll, und sie war immer halbleer. Und es war immer dieselbe Flasche, die der Trinker zum Mund führte. Die unleerbare, ewige Flasche.

Das Bild paßt zu dem öffentlichen Trinker um so besser, je mehr er coram publico wegkippt.

So ist das auch mit Harald Juhnke und den Schlagzeilen. Immer derselbe Stoff, und immer mehr davon, damit sich Wirkung zeigt. Die üble Nummer mit den Nazi-Sprüchen von L. A. brachte nur scheinbar etwas Neues; denn es war, wie beinahe immer, Alkohol im Spiel.

Harald Juhnke – schwul! Das fehlte noch. Das wäre der definitive Kracher. Doch die Schlagzeile seines Lebens wird er nie bekommen. Sie müßte schlicht und einfach lauten: *Harald Juhnke – ein großartiger Schauspieler!*

Nummer 4:

Harry – Die frühen Jahre

> Hier wird gearbeitet! Raus! Gearbeitet wird hier, und nur mit Idioten! Arbeitslicht! Wer sind wir! Wer sind wir!
>
> Wolfgang Deichsel, Zappzarapp – Die Panik der Clowns hinterm Vorhang

Später würde er sich Harald nennen. Das klingt schon seriöser, wenn man Schauspieler werden möchte – Theaterschauspieler.

Das Spiel mit Namen, mit dem Vornamen, wirkt als Signatur. Charlie ist der Clown, der Tramp; und sein Erfinder heißt Charles Spencer Chaplin. Frank Sinatra – ursprünglich Francis Albert Sinatra – wird zu Frankie-Boy bei seinen Fans, die mit der Verniedlichung ihre Komplizenschaft anzeigen wollen, während die respektheischende Variante den Mann mit einem ganzen Genre gleichsetzt – *The Voice*!

In der Schauspielschule mausert sich Harry zu Harald, wenngleich die Karriere erst einmal wieder eindeutig auf einen lustigen *Harry* hinausläuft. Man wird die Entscheidung für *Harald* akzeptieren, und man wird auch nicht so häufig, wie sonst bei bedeutenden Schauspielkünstlern – der Minetti, der Wuttke, der Wildgruber, der Voss – den Nachnamen wie ein Markenzeichen verwenden. Ohnehin spielt Harald Juhnke nicht in den großen Ensembles, sondern außerhalb der namhaften Staatstheater und gewissermaßen auf eigene Rechnung. Man wird später zwar auch, mal anerkennend, mal maliziös, von *Juhnke* sprechen, doch eines Tages beherrscht *Harald* nicht nur die

Schlagzeilen, sondern er gehört auch zu jenem exklusiven Kreis von Theaterleuten, die wie die Könige nur einen Vornamen besitzen; der *Frank* (Castorf), die *Kati* (Thalbach) und, noch über den Tod hinaus, der *Heiner* (Müller). Es ist ein Ausdruck fein empfundener Bewunderung. Und ein untrüglicher Popularitätsbeweis.

Die Identitätsschwankungen, die ständige Suche oder Sucht nach ebenso beständig wechselnden Vorbildern aus einer Welt, die man später als Popkultur bezeichnet, hat ihm der Vater vorgegeben. Er taufte seinen einzigen Sohn auf den Namen Harry, nach dem Stummfilmhelden Harry Piel. Der war seit 1912 bei etlichen Actionfilmen Autor, Regisseur, Produzent und später auch sein eigener Hauptdarsteller. Die Pielschen Filmtitel verraten Boulvardcharakter – *Der Mann ohne Nerven, Achtung Harry! Augen auf!*. Berühmt wurde Piel für seine gewagten Löwen-Dressurakte; er hypnotisierte die Wildkatzen aus Hagenbecks Tierpark in Hamburg allein mit seinem durchbohrenden Blick. »Ich war ehrgeizig genug, dieser ausgefallenen Vorstellungsverknüpfung zu genügen«, sagt Juhnke.

Als Junge hat Harry Juhnke dann erst mal seinen Hans Albers angestaunt, und auch Hans Albers wird er eine Zeitlang nacheifern wollen. Doch die Geschichte mit Harry Piel hält noch einige Pointen bereit; Spielereien und Zufälligkeiten, oder besser, Koinzidenzen aus dem Reich der trivialen Mythen. Siegfried Kracauer hat in seinem filmanalytischen Meisterwerk *Von Caligari zu Hitler* Harry Piel als den »deutschen Douglas Fairbanks« aufgeführt; eine aufschlußreiche Fußnote, wenn man bedenkt, daß ein Berliner Knabe, der viele Jahre und Jahrzehnte später einmal als »deutscher Frank Sinatra« beinahe nach Las Vegas gelangen sollte, seinen Namen von einem Schauspieler hat, der zu seiner Zeit mit einer gewaltigen Hollywood-Größe verglichen wurde. Das zeigt auch: In Deutschland gab es immer schon das Schielen nach den Übermenschen der anscheinend unüberwindlichen Kultur-Hegemonie der Amerikaner.

Siegfried Kracauer, der 1941 auf der Flucht vor den Nationalsozialisten in New York gelandet war, charakterisierte Harry Piel als einen »ritterlichen Draufgänger«, der Verbrecher zur Strecke bringt und unschuldige Mädchen rettet: »Seine Filme waren Schwarzweißmalerei im Stil der Groschenromane und scherten sich nicht um Schattierungen psychologischer Konflikte. Einen tragischen Ausgang verdrängten sie mit einem Happy End und stellten alles in allem eine deutsche Spielart des anglo-amerikanischen Thriller dar.« Wie das Credo eines intellektuellen Pop-Bewunderers liest sich Kracauers Schlußfolgerung: »Dieser glänzende und gefällige Kitsch hob sich von der Masse schwerfälliger Kunstprodukte ab.« Genau diese Qualität wird man irgendwann bei Juhnke entdecken, wenngleich das Feuilleton es ungern zugibt: Ein guter Effekt ist besser als ein schlechter Schiller. Flapsigkeit – ja. Leichtsinn – gewiß. Gefällige Kompromisse – ohne Zweifel. Aber Schwerfälligkeit wird es bei Harry oder Harald nicht geben.

Harry Heinz Herbert Juhnke, geboren am 10. Juni 1929 in der städtischen Frauenklinik Charlottenburg, lautet der Eintrag im Geburtenregister. Der Vater Herbert Hermann Heinrich Juhnke, Angestellter in der Berliner Polizeiverwaltung, stammte aus Znin, einer kleinen ostpreußischen Kreisstadt, die Mutter Margarete, geborene Kolberg, Tochter eines Bäckermeisters, aus Frankfurt an der Oder. Eine nicht untypische Berliner Herkunftsbezeichnung. Harry wächst im Wedding auf, in der Stockholmer und Fordoner Straße. Volksschule und Oberschule in der Badstraße liegen nicht weit von der Wohnung entfernt.

Juhnke attestiert sich selbst eine »ablehnende Haltung« der Schule gegenüber. »Meine widerstandslose Jugend habe ich genossen.«

Harald Juhnke, 1956

Das Jahr 1929 geht als annus mirabilis in die Geschichte ein. Es erscheinen die Romane *Im Westen nichts Neues* von Erich Maria Remarque, *Menschen im Hotel* von Vicki Baum und Alfred Döblins *Berlin Alexanderplatz*. Erich Kästner publiziert *Emil und die Detektive*, Thomas Mann erhält den Literatur-Nobelpreis. In Berlin strahlt das Reichspostzentralamt die ersten Fernsehversuchssendungen aus, und der erste vollständig in Deutschland produzierte Tonfilm, *Melodie des Herzens* mit Willy Fritsch, gelangt zur Uraufführung. *Die Dreigroschenoper* von Bertolt Brecht und Kurt Weill war im Jahr zuvor im Theater am Schiffbauerdamm herausgekommen. Josef von Sternberg hatte 1930 den *Blauen Engel* mit Marlene Dietrich und Emil Jannings gedreht; der verliebte, der Trunksucht anheimfallende Professor wird einmal eine jener Rollen sein, von denen der Schauspieler Juhnke träumt.

1929 – Schwarzer Freitag, Weltwirtschaftskrise.

Das sind gesicherte, weithin bekannte Orientierungsdaten, mit denen sich eine vorerst noch relativ ereignislose Allerweltsbiographie in ein helleres Licht stellen läßt. Nach dem Zweiten Weltkrieg, wenn Harry zu Harald geworden ist, wird er, schon auf dem Weg zum Entertainer, die wichtigen Stationen seiner Laufbahn mit Sinatra-Daten markieren, zum Beispiel: »Nelson Riddle arrangierte für Frank Sinatra *I've got a crush on you* und *When you' re smiling*, und Hans Wölffer schickte mich nach London, um *Irma la Douce* anzuschauen.«

Wedding, Ortsteil Gesundbrunnen: tiefstes Berlin, Nährboden einer zwielichtigen Lokal-Mythologie. Die Gegend um den Gesundbrunnen, bei den Einheimischen *Plumpe* genannt, gilt als Keimzelle des skandalumwitterten Fußballvereins Hertha BSC. Auf *Plumpe*-Tradition kann sich Berlins Regierender Bürgermeister Eberhard Diepgen berufen; ein Politiker ohne jedes Charisma, jedoch seit Jahrzehnten von einem festen Netz aus lokalen Machtinteressen gehalten, für den sich der wechselwählerische Schauspieler und Weddinger Harald Juhnke auch einmal eingesetzt hat. Diepgen und Juhnke besuchten, freilich in unterschiedlichen Jahrgängen, die Diesterwegschule im Wedding. Für einen Polizistensohn wie Harry Juhnke war dies keineswegs selbstverständlich; es bedeutete für seine Eltern eine erhebliche Anstrengung, und es zeugte auch von einem sozialen

Ehrgeiz, das Kind auf dieses Gymnasium zu schicken. Ein Harry Juhnke gelangte dort in eine veränderte gesellschaftliche Situation, die Mitschüler entstammten größtenteils Weddinger Arztfamilien und dem Milieu der höheren Beamtenschaft. Juhnke mußte sich, auch wenn er sich nur mit laxen Worten an die Schulzeit erinnert, damals als Emporkömmling durchsetzen. Und dieser Drang, sich beweisen zu müssen, nach Höherem zu streben, und auch eine damit verbundene Überforderung der eigenen Kräfte – all dies soll ihn ein Leben lang begleiten: der Druck.

Den Wedding wird Juhnke auch nie gänzlich ablegen, auch wenn er eines Tages standesgemäß in den Grunewald zieht. Er verleugnet seine Herkunft nicht, was teilweise seine Popularität erklärt. Heute zeigt der Wedding den Charakter einer großspurigen Vorstadt; Berlin, oftmals als steinerne Wüste apostrophiert, besitzt in dem Bezirk im Norden einen Ort rückwärtsgewandter Utopie, gezeichnet von Kriegsschäden, Teilung und planlosem Wiederaufbau. Es gibt die legendären Mietskasernen noch, die homogene Arbeiterbevölkerung schon lange nicht mehr.

Das Milieu in der Familie ist kleinbürgerlich. Juhnke selbst benutzt diesen Ausdruck: Dieses Juhnkesche Familiennest im einstigen roten Wedding war kein Nährboden für Opposition. Allenfalls war es ein ordnungspolitisch bestimmtes, kleinbürgerliches Refugium. Und »der Wind, den Mutter aus ihrem besser situierten Elternhaus in die Zweieinhalb-Zimmer-Welt trug, wehte aus keiner anderen Richtung«. Vom Vater wird erzählt, er sei im Ersten Weltkrieg verwundet worden und in den Inflationsjahren 1923/24 arbeitslos gewesen. In Frankfurt an der Oder hat er, lange vor dem Umzug nach Berlin, einen Geselligkeitsverein gegründet. Sinn für Geselligkeit hat Harry geerbt.

Eine durchschnittliche deutsche Sozialisation. Nur daß Harry lauter geschrien hat als andere Säuglinge. Und daß er bald schon wilde Geschichten verbreitet, die er selbst erlebt haben will ...

Das einzige Kind der Familie Juhnke ist im Jungvolk und in der Hitlerjugend; Berufswunsch: Jagdflieger. Kriegsbegeisterung. 1944, mit fünfzehn Jahren, freiwillige Meldung als Offziersbewerber bei der Luftwaffe. Kinderjahre sind die längsten. »Die Erkenntnis, daß es verblendete Jahre waren, macht sie nicht kürzer«, heißt es in *Na wenn schon*, dem Erinnerungsbuch, das sich wie ein fideles Filmscript aus den fünfziger Jahren liest: »Doch sie einfach an den Haken zu hängen und so zu tun, als wären es die Jahre eines anderen, ist auch nicht mein Bier.«

Was die letzten Kriegstage angeht, scheint sich die Erinnerung zu präzisieren. Es kommt zu einer dramatischen Konfrontation, deren symbolischen Gehalt sich Juhnke freilich nicht vergegenwärtigt. Es ist eine Schlüsselszene.

Anfang Mai 1945, Sušice, südöstlich von Prag; Juhnke spart nicht mit dem Hinweis, daß der Fliegerhorst zwischen den »Bierstädten Pilsen und Budweis« liegt. Juhnke und ein Freund namens Heini gehören zum letzten Aufgebot. Sie sind mit einer Panzerfaust bewaffnet, liegen im Graben, als Panzer anrücken:

»Eine Stimme riß uns hoch. Eine gutturale Stimme, die einem baumlangen Neger gehörte. ›What are you doing here?‹ Ich spürte Schweißperlen. Ich hatte noch nie einen Neger in natura gesehen. ›Wir sind Hitlerjungen‹, erwiderte Heini und hob die Arme. Ich beeilte mich, es ihm nachzutun. ›Come on‹, knautschte der Superlange durch die wulstigen Lippen und machte eine Handbewegung, die uns zur Eile trieb. Ich half Heini hoch, Heini zog mich. Der Schwarze überragte uns auch jetzt noch um weit mehr als einen Kopf. Seine Wangenknochen mahlten. Die Maschinenpistole, die er mit seiner Rechten umspannte, schien ihm lästig. ›You want chocolate?‹ fragte er unversehens, fingerte mit der Linken in seine Brusttasche und gab uns ein dickes Stück. ›Danke‹, sagten wir.«

Ein Sarotti-Mohr als Friedensengel. Das vollständige Klischee des Amerikaners, der den totalen Sieg über die

Deutschen mit Schokolade (und Kaugummi und Zigaretten) versüßt. Juhnke und seine Ghostwriter haben dieses Kriegserlebnis in der *Na wenn schon/Die Kunst ein Mensch zu sein*-Biographie in einem künstlich kindlichen Stil nachempfunden, dessen rassistische Untertöne die inkriminierten angeblichen Pöbeleien von Los Angeles in den Schatten stellen. Die Episode ist auch in dem zum 65. Geburtstag von Harald Juhnke herausgegebenen Buch *Was ich Ihnen noch sagen wollte* erwähnt, in verschärfter Form:

»Heini und ich lauerten im Schützengraben, als plötzlich ein Amipanzer auftauchte. Ich legte die Panzerfaust an, zielte und wollte den Koloß abknallen. So hatte ich das gelernt. Gedacht habe ich mir dabei gar nichts, diesbezüglich waren wir mangelhaft geschult worden. Heini verhinderte ein tödliches Fiasko. Wir kauerten in unserem Erdloch und bekamen Angst, ein Gefühl, das uns bis dahin fremd war.«

Hat man die Protokolle und Entschuldigungen von Los Angeles im Ohr, klingt diese Schilderung seltsam vertraut. Im weiteren versucht sich der Text in Abstraktion und Analyse, und die Anklänge an den Vorfall vom Hollywood-Hotel Mondrian verstärken sich noch:

»In Steven Spielbergs Film *Unheimliche Begegnung der Dritten Art* taucht plötzlich über den Köpfen der Kinobesucher ein nicht endenwollendes Riesenraumschiff auf, das mich an meine erste Begegnung der ›Dritten Art‹ erinnerte. Noch heute sehe ich den unendlich in den Himmel ragenden Körper eines US-GI's, der kaugummikauend zu uns herabsah und voll Erstaunen fragte: ›Are you kidding?‹ Der Mann war ein Neger. Leider hatten die Nazis so was nicht in ihrer Regierung, sonst wäre ich nicht so erschrocken, als das lange schwarze Elend nach mir und Heini griff und uns Leichtgewichte aus dem Erdloch ins befreite Deutschland hochzog. Natürlich war der bärenstarke Kerl bewaffnet. Er grinste uns an und fragte: ›He, boys, like to have a Hershey?‹«

Bemerkenswert an dieser Stelle sind nicht nur der »US-GI« und das »befreite Deutschland« auf tschechischem Boden, sondern auch der ohne jedes Sprachgefühl vorgeführte *Neger*, der als »langes schwarzes Elend« auch ohne weiteres berlinisch eingemeindet wird. 1962 veröffentlicht Harald Juhnke eine Single mit der A-Seite *Die Dame mit dem giftgrünen Schleier*. Auf die B-Seite war ein Liedchen, mehr Scherzartikel als ein Schlager, gepreßt, *Der schwarze Joe aus Idaho*. Eine Perle des unfreiwillig absurden Humors:

> Der schwarze Joe aus Idaho,
> der schießt so schrecklich schlecht
> obwohl er gern ein Sheriff werden möcht'.
> Erst neulich drückte er auf einen Gangster ab,
> doch hinterher trug man ein Huhn zu Grab.

So werden Kriegserlebnisse überspielt. So war die Mode in den frühen Sechzigern. Gus Backus, ein GI, besang mit schauderhaftem amerikanischen Akzent das Leben der Rothäute, Billi Mo, ein Schwarzer in Lederhosen, schwenkte in den Hitparaden seinen Tirolerhut, und selbst Elvis Presley, für kurze Zeit als Soldat in Deutschland stationiert, hatte sich zu einer deutschen Single hinreißen lassen. Die US-Sängerin Conny Francis, ein dunkel-romantischer südländischer Typ, war Vorbild für eine ganze Serie exotisch gefärbter Liebesdramen im 3-Minuten-Takt. Die Begeisterung der Kriegsgeneration für Alliierten- und Gastarbeiter-Schlager folgte einer Art von umgedrehtem Rassismus.

Und Harry hatte die Sterne gesehen. Der unbekannte schwarze Soldat – man ist versucht, ihm den Namen des Wachmannes Bob Ferrell zu geben –, der plötzlich in Überlebensgröße vor den Kindersoldaten auftaucht, bestimmt fortan die Perspektive. Amerika ist ganz weit oben. Amerika ist das Trugbild und das ultimative Ziel, die Illusion und das drohende Inferno. Diese Geschichte vom Kriegs-

Vom Wedding in den Grunewald

ende beschreibt die Größenverhältnisse mit frappierender Klarheit. Harry wird Harald, und er wird, anders als Hildegard Knef, die dafür einen hohen Preis bezahlt, die Fiktion Amerika niemals erreichen …

Den Franzosen fällt bei der Aufteilung der Sektoren der Nordwesten Berlins mit den Bezirken Reinickendorf und Wedding zu. Harry Juhnke findet schnell seine Rolle in der Nachkriegsrevue. Seine Partnerin ist eine gewisse Franzosen-Uschi. Er wickelt Geschäfte auf dem Schwarzmarkt ab, wobei die sogenannten Tripper-Trips, Penicillin-Lieferungen nach Karlshorst, zu den Offizieren der Roten Armee, am einträglichsten gewesen sein müssen. Die Abende verbringt Harry in seinem Weddinger Stammlokal, der Westminster-Bar in der Grüntaler Straße. Er kleidet sich wie ein Gigolo: Wildlederschuhe, Zweireiher, Humphrey-Bogart-Hut. Damals hat er mit dem Alkohol und den Mädchen einen Bund fürs Leben geschlossen. Mit 15 oder 16 sei es richtig losgegangen mit dem Saufen in den Soldaten-Bars: »Wir 60 bis 70jährigen sind doch alle die Alkoholgeneration.«

Und wann beschloß ich, Schauspieler zu werden?

An diesen neuralgischen Punkt gelangt man in jeder Schauspieler-Biographie. Hier bietet sich immer eine gute Gelegenheit, Legenden zu begründen. Oder die Familie ist bereits mit der Bühne verbandelt, wie es bei Curt Bois der Fall gewesen war. Er spielt 1908 im Berliner Theater des Westens das Heinerle in der Operette *Der fidele Bauer*. Bois ist bei der Premiere sieben Jahre alt. Das Wunderkind sollte sich zu einem der größten deutschen Komiker in diesem Jahrhundert entwickeln und noch bis ins hohe Alter hinein Klamotte und höchste Schauspielkunst miteinander versöhnen. »Er hat Witz und flinke Beine, Talent und Handwerk-Können und ist von heute.« Erich Kästners Eloge auf den 27jährigen Bois (»bei dem man zuverlässig weiß: der wird es schaffen«) hätte mit einigen Abstrichen auch Juhnke geschmeichelt. Juhnke, zwar stets auf der Suche nach Vorbildern, hat Curt Bois jedoch nie nachgeeifert – weil der eine Generation ältere Bois ihm als Typ zu nah und dann wieder unerreichbar erschienen sein mochte? Der Jude Curt Bois war 1933 nach Amerika geflohen und 1950 nach Berlin zurückgekehrt. Seine erste Rolle nach dem siebzehnjährigen Exil – mit beachtlichen Hollywood-Erfolgen – spielte er bei Wolfgang Langhoff am Deutschen Theater. Es handelte sich um Gogols *Revisor*.

Juhnke ziert sich ein wenig, bis er sein Offenbarungserlebnis zugibt. Diese leicht mit Ehrfurcht durchmischte Koketterie – auch Unsicherheit – gegenüber der Staatstheater-Kultur hat sich bei Juhnke bis heute gehalten.

Im Deutschen Theater soll es geschehen sein, im Jahr 1948. Mit Shakespeare. Die Eintrittskarte hat ihm ein Freund gegeben, Jo Herbst, Schauspieler und Kabarettist. An jenem Abend läuft *Romeo und Julia* in einer Inszenierung von Willi Schmidt. Juhnke, der mit Ufa-Filmen aufwuchs, sieht zum ersten Mal eine Theatervorstellung. Anfänglich irritieren ihn das altmodische Dekor, das Pathos der Schauspieler, vor allem die Gesetztheit ihrer Bewegungen und die gedehnte Sprechweise. Doch er vermag sich von der Erscheinung des Hauptdarstellers nicht mehr loszureißen: »Der Schauspieler Horst Caspar steuerte mich. Ich hatte einen Bruder entdeckt, einen bewundernswerten, großen.« Auch die Sehnsucht nach der übermächtigen Identifikationsfigur, bei Juhnke offensichtlich einer der stärksten künstlerischen Antriebe, wird bestehenbleiben; unstillbar. Und aus dem »großen Bruder« des klassischen Repertoires wird der *Big Brother* aus einer ganz anderen Welt; Broadway, Hollywood, Las Vegas.

Es ist der uralte Traum der deutschen Filmindustrie, den Amerikanern die Stirn zu bieten. Auch Rainer Werner Fassbinder hat diesen Traum in den siebziger Jahren noch einmal geträumt, mit seinen Schauspielern; einigen alten Ufa-Stars und Protagonisten des Nachkriegsfilms, die er aus der Versenkung geholt hatte. Dieser Traum von Größe ist ein zutiefst deutscher Traum.

Horst Caspar, Jahrgang 1913, dessen Romeo-Darbietung Juhnkes Theaterbegeisterung erweckt, entstammte einer anderen Welt. Er galt in vieler Hinsicht als eine Ausnahmeerscheinung; begnadeter Kleist-, Goethe- und Shakespeare-Interpret. »Caspar hatte etwas, was ich nur mit dem Wort edel ausdrücken kann«, erinnert sich Bernhard Minetti. »Er war eine unbedingte, reine, idealistische Seele. Er war ein schöner Mensch, hatte etwas Unangreifbares, was man – in dieser Weise – nur von großen religiösen Menschen, vielleicht von Heiligen sagen kann.« Caspar starb 1952 an Tuberkulose. Sein Regisseur Jürgen Fehling suchte nach Worten:

»Der triumphierende, jubilierende, sinnierende, irisierende, frierende, rührende, führende, selber unberührte, so tief und zart ans Herz rührende, kaum uns Zuschauern gebührende, strahlende Jüngling.«

An Caspar traut sich Harry Juhnke nicht heran. Er hat auch schon eine andere Lichtgestalt entdeckt: Hans Söhnker. Das ist ein stabilerer Typ, ein Schauspieler für die ganze Familie, Star vieler Ufa-Filme, darunter Helmut Käutners *Große Freiheit Nr. 7* mit Ilse Werner und Hans Albers. Das Stück, in dem Juhnke seinen Hans Söhnker im Schloßpark-Theater sieht, William Saroyans Hafenkneipen-Melodram *Ein Leben lang*, läßt die Schwelle auch nicht so hoch erscheinen wie bei Caspar und Shakespeare. Boleslaw Barlog, der spätere Generalintendant der Staatlichen Schauspielbühnen Berlin, hatte diese deutsche Erstaufführung inszeniert, und Söhnker, mit Menjoubärtchen, geöltem Haar und seiner kräftigen Gestalt, sah darin aus wie eine Mischung aus Clark Gable und Hans Albers. Von dem amerikanischen Dramatiker Saroyan ist folgender Dialog über das Theater überliefert: »Papa, was ist überhaupt ein Theaterstück? – Viele Dinge. Aber eines ist es immer: Menschen in der Patsche. – Welche Patsche ist das? – Am Leben sein. Aber ich habe keine Eile, dem zu entwischen.« Es war Söhnkers Paradestück. »Das wohl schönste Erlebnis meiner ganzen Theaterlaufbahn«, schreibt Söhnker in seinen Erinnerungen: »Barlogs Inszenierung von Saroyans *Ein Leben lang*. Diese Aufführung fand ein solches Echo, daß wir uns entschlossen, für die Berliner Schauspieler, die uns abends nicht besuchen konnten, weil sie selbst auf der Bühne standen, vormittags um elf Uhr eine Sondervorstellung zu geben.«

Es gab einen unvorstellbaren Nachholbedarf, und Saroyans Regieanweisungen, etwa: »Es herrscht tiefe amerikanische Naivität«, müssen die Theaterleute damals im ausgebombten Berlin ebenso irritiert wie fasziniert haben. Das Theater hat ein neues Lebensgefühl importiert.

Juhnke ist von der Vorstellung stark animiert. Die Bühne erinnert ihn an die Soldatenbars, wo er ein- und ausgegangen war und einen regen Handel unterhalten hatte. Er besucht Hans Söhnker in der Garderobe, spricht ihm vor, mit dem Romeo, »meinem ersten Rausch«; andere Rollen kannte er noch nicht aus eigener Anschauung. Er versucht mit seiner Berliner Kalbszunge, »die jedes I zum Ü, jedes CH zum SCH zerschmatzte«, die vollendete Diktion eines Horst Caspar zu imitieren. Hans Söhnker bekam einen Lachkrampf.

Das ist so eine Szene, halb erträumt, halb erlebt, von der Erinnerung geschmückt, die in der Biographie eines Schauspielers einen Wendepunkt markiert. Einmal erzählt, gehört die Nummer zu den gesicherten Quellen – und wird weitergereicht.

»Hans Söhnker riet zum Schauspielstudium«, schrieb ein paar Jahre nach der Begegnung im Schloßpark-Theater der Pressedienst von *Real-Film* über Harald Juhnke. Anlaß war die Premiere des Films *Eine tolle Nacht*. Der Pressetexter verstand es, die Vorzüge des hoffnungsvollen Newcomers hervorzuheben: »Bescheidenheit ist eine der guten Charaktereigenschaften dieses Berliner Beamtensohnes. Forschheit, Ehrgeiz, Tatendrang und charmante Nonchalance sind seine hervorstechendsten Merkmale.« Auch die Kollegen vom Constantin-Verleih frischen Mitte der fünfziger Jahre die Anekdote noch einmal auf: »Nanu, Sie haben ja wirklich Talent, junger Mann«, rief Hans Söhnker aus, als der Nachkriegsabiturient Harald Juhnke sich in der engen Garderobe des Berliner Schloßpark-Theaters in Steglitz einfand, um zu erfahren, wie man Schauspieler werden könne, und befragt, was er könne, sofort den Romeo deklamierte.

Söhnker schickt den verrückten jungen Kerl zu der Schauspiellehrerin Marlise Ludwig. Mit dem Namen Hans Söhnker kann Harry auch zu Hause renommieren; sein überraschender Berufswunsch paßt nicht zu den Plänen der Eltern, die ihr einziges Kind zum Studium der Zahnmedizin bewegen wollten. Nicht nur an Caspar, Söhnker und Shakespeare scheitert der kleinbürgerliche Traum vom Aufstieg des Sohnes in die Welt der gesellschaftlich ganz oben angesiedelten Weißkittel. Harry sagt, er könne kein Blut sehen. Die Zeit der Kriegsspiele ist vorüber. Auf Veranlassung von Marlise Ludwig ändert er seinen Namen. Der »Stenz vom Wedding« hieß Harry. Harald ist jetzt sein Künstlername.

Der erste öffentliche Auftritt kommt unerwartet schnell. Harald Juhnke steht im Haus der Kultur der Sowjetunion, dem späteren Maxim-Gorki-Theater, neben seiner Lehrerin auf der Bühne: in dem Revolutionsstück *Ljubow Jarowaja* von Konstantin Trenjow. Regisseur war Hans Rodenberg, stalinistischer Kulturfunktionär und Jugendtheaterleiter in der späteren DDR. Die Premiere fand am 9. November 1948 statt. Besäße man Juhnkes unvergleichlichen, gleichmacherischen Humor, dann könnte man sagen: Der 9. November war auch da wieder ein deutsches Schicksalsdatum. Der kommende Entertainer der gerade erst von Faschismus und Krieg befreiten Nation gibt in einem sowjetischen Umerziehungsstück sein Schauspieler-Debüt.

Eines Tages sollte er auf diese Bühne zurückkehren. Harald Juhnke verkörpert im Jahre 1996 im Maxim-Gorki-Theater Zuckmayers *Hauptmann von Köpenick*. Bald fünfzig Jahre würden dann seit seiner Bühnentaufe vergangen sein.

Als Juhnkes Karriere begann, stand ein anderes Zuckmayer-Stück auf dem Spielplan des Schloßpark-Theaters – *Des Teufels General*. Barlogs Inszenierung mit O. E. Hasse in der Titelrolle brachte es in Steglitz auf über 300 Aufführungen. Sowjetische Kulturoffiziere waren es gewesen, die die ersten Theaterlizenzen in Berlin erteilten; die Amerikaner taten es ihnen nach. Boleslaw Barlog erhielt am 22. Dezember 1947 die Zulassung als »Intendant und Leiter« des Schloßpark-Theaters. Das Repertoire folgte mit John Boynton Priestley, Eugene O'Neill, G. B. Shaw, William Saroyan, Holm/Abbott, John Steinbeck, Noel Coward,

Tennessee Williams den Bedürfnissen der neuen Zeit. Freilich reichte keine Inszenierung an den Erfolg mit *Des Teufels General* mit O. E. Hasse heran; Zuckmayers Legende vom guten Menschen in NS-Uniform hätte, wie der Kritiker Friedrich Luft bemerkte, »endlos auf dem Programm bleiben können, wenn der Ehrgeiz des Hauses nicht auch auf anderes gegangen wäre«.

Das Berliner Nachkriegstheater spielt sich in einen Rausch hinein. 1944 waren sämtliche Bühnen geschlossen worden, von den rund fünfzig Häusern sind ein Jahr später über die Hälfte zerstört – unbespielbar. Dennoch zählt man von Juni bis Ende Dezember 1945 zweihundert Premieren. Das Deutsche Theater, wo Juhnke 1948 *Romeo und Julia* sieht, macht schnell wieder auf, mit *Nathan der Weise* von Lessing. Im Westteil gibt es neben dem Schloßpark-Theater eine zweite städtische Bühne, das Hebbel-Theater unter der Leitung von Karl-Heinz Martin, der hier allein bis 1948 elf Inszenierungen herausbringt, darunter *Die Dreigroschenoper* und Franz Molnars *Liliom* mit Hans Albers. Die ersten Monate nach Zusammenbruch und Befreiung gewähren den Berliner Bühnen ein Maß an Freiheit, das alsbald hart zurückgesetzt werden wird. Doch im Juni 1946 kann Karl Heinz Stroux am Hebbel-Theater Thornton Wilders *Wir sind noch einmal davongekommen* herausbringen, ein im damaligen Deutschland überaus beliebtes amerikanisches Stück, und derselbe Regisseur inszeniert im folgenden Jahr im sowjetischen Sektor, am Deutschen Theater, den *Ödipus* mit dem Protagonisten Gustaf Gründgens. Der von Göring ernannte Intendant der Berliner Staatstheater war nach dem Krieg einige Monate lang in Haft gewesen, bevor er entnazifiziert wurde. Der Schauspieler und Regisseur Fritz Kortner – er kehrte, wie auch Bertolt Brecht, 1949 nach Deutschland zurück – hat die Lage nach 45 mit einigem Sarkasmus kommentiert: »Einige Bühnen in Deutschland bemühen sich um die Nachfolge von Berlin. Darunter auch Berlin.«

Eine Anekdote aus dem Juhnkeschen Familienschatz mag noch einmal das Milieu beleuchten, dem der angehende Schauspieler entspringt. Die Mutter erzählt von einem Theaterbesuch Ende der zwanziger Jahre in Berlin; man war gerade aus Frankfurt an der Oder in die Hauptstadt umgezogen, und die Bäckerstochter war im sechsten Monat schwanger: »Wir haben *Ödipus* gesehen, mit dem Fritz Kortner, und ich weiß noch, der schrie so. Dauernd schrie der. Und dann stach er sich auch noch die Augen aus – nee, also da hab ich mich vielleicht erschrocken.«

Alles schien möglich. Die Grenzen waren offen. Dem unbekannten jungen Darsteller bietet der kommunistische Regisseur Hans Rodenberg sogleich nach dem Auftritt im Haus der Kultur der Sowjetunion die Übernahme in die DEFA-Nachwuchsschule an. Juhnke lehnt ab. Harald Juhnke bleibt in der Schule von Marlise Ludwig, zunächst für ein Jahr.

Keine Abwanderung in den Osten. Kein neuer Wendepunkt. Doch eine verlockende Hypothese. Und ein nicht so abwegiger Exkurs. Wie wäre es gewesen, hätte Juhnke damals das zumindest materiell interessante Angebot von Rodenberg angenommen: ein Stipendium bei der DEFA? Was wäre aus dem Schauspieler Harald Juhnke in der DDR geworden, die ihren Theater- und Filmkünstlern ohne Zweifel höchste Aufmerksamkeit gewidmet hat?

Die Antwort scheint einfach. Denn es gab und es gibt diesen Mann. Er heißt Rolf Ludwig. Und es hat sich in einigen Punkten eine parallel laufende Biographie ergeben. Rolf Ludwig ist der Ältere; Jahrgang 1925. Rolf Ludwig, wie Harald Juhnke ein außergewöhnlich vielseitig begabter Schauspieler, füllte in der DDR schon frühzeitig jene Rolle aus, die Juhnke nach und nach in der Bundesrepublik (und über das Fernsehen vermittelt auch im Osten) übernehmen sollte – Charakterdarsteller, Entertainer, Sorgenkind, manchmal Pflegefall der Nation. Juhnke würde später sagen, daß er in der DDR wahrscheinlich schneller an die interessanten Charaktere gekommen wäre, denn die DEFA hat die Schnulzenzeit der Fünfziger nicht mitgemacht.

Auch Rolf Ludwig ist ein langer Dünner, ein Komiker; hellwach, schlagfertig. Auch Ludwig entwickelt sich vom Unterhaltungskünstler zum Charakterdarsteller und verwischt dabei die Grenzen zwischen den Genres. Nach ersten Engagements in Dresden spielt er ab 1950 in Berlin, Hauptstadt der DDR. Für die Kunstgattung »Buffo und jugendlicher Komiker« wird er vom Metropol-Theater verpflichtet. Er spielt in Operetten und sieht sich schon als »Konkurrenz für Fred Astaire«; auch der amerikanische Spaßmacher Danny Kaye hat es ihm angetan. Es kommt der Wechsel zum Schauspiel, zum Schiffbauerdamm. Ludwig brilliert in spanischen Mantel-und-Degenstücken, die Rolle des Truffaldino in Goldonis *Diener zweier Herren* wird zu seiner Paradenummer. Etwa zur gleichen Zeit wie Juhnke heiratet Ludwig zum ersten Mal; seine Frau ist Solotänzerin an der Staatsoper. Der Kritiker Herbert Ihering schreibt über Rolf Ludwig Sätze, die an Juhnke denken lassen, zum Beispiel: »Immer wieder bezaubert seine auf deutschen Bühnen seltene Leichtigkeit.« Aber 1959, als Ludwig bereits Starruhm in der DDR genoß, war Juhnke so weit noch nicht.

Es gibt noch etwas anderes, was Rolf Ludwig und Harald Juhnke zu interessanten Vergleichsfällen macht: Beide sind Trinker. Ludwig weiß in seiner Biographie *Nüchtern betrachtet* von zahllosen Alkoholeskapaden zu berichten. Er säuft bei Gastspielen, er gefährdet den Spielbetrieb, er hat schwere Aussetzer. Auch in einer durchkontrollierten Öffentlichkeit, wie in der DDR, bleiben Ludwigs Eskapaden kein Geheimnis. 1993 ringt Ludwig nach einem Herzinfarkt mit dem Tod. Und jetzt berichten auch die Medien in großen Schlagzeilen. Die Ärzte verbieten ihm den Tabak und den Alkohol. Ein Jahr vor dem Zusammenbruch trifft sich Ludwig mit Curt Bois im Grand Hotel Unter den Linden. Bois fragt ihn, ob er schon einmal dem Tod in die Augen geblickt habe: »Wie sieht er aus?« Bald darauf starb Curt Bois. Mit dem Theater der DDR hatte ihn eine starke Beziehung verbunden, auch politisch.

Rolf Ludwig erzählt: »Ich trinke in diesen wilden Endfünfzigern Hektoliter Bier und Kurze, habe große Rollen in der Volksbühne und für DDR-Verhältnisse Geld wie Heu. Mir fällt Hans Falladas *Trinker* in die Hände, und ich lese das Buch in einem Ritt, an einem Tag. Danach kippe ich ein ziemliches Quantum Klaren. Der Roman nimmt mich gefangen, ich bin fasziniert von der Präzision der Schilderung. Doktor Kuppke, Falladas letzter behandelnder Arzt, hat mir gesagt, daß sich die Grabstelle des Dichters auf dem Pankower Friedhof befindet.«

In der Nacht hat sich Rolf Ludwig betrunken auf den Weg gemacht, um dieses Grab vom überwuchernden Unkraut freizulegen. Er putzt die Grabplatte mit Wodka. In einer Verfilmung des Fallada-Romans *Kleiner Mann, was nun?* spielt er später die Rolle des Schauspielers. Den *Trinker* hat er gelesen und verinnerlicht und im Leben vorgeführt, nie jedoch vor der Kamera. Das blieb im vereinten Deutschland Harald Juhnke vorbehalten, dessen Partner in der Fallada-Produktion allesamt vom ehemaligen Ostberliner Theater kamen.

»Es muß eine Art Berufskrankheit sein, diese Sucht nach der Geselligkeit im Alkohol, wie ich auch süchtig bin nach dem Theater ...«

»Ich brauche keinen Arzt, halte die Trockenphasen durch, bin ein Quartalssäufer, meine Quartale zählen ein paar Tage, ein paar Wochen, aber auch sechs, acht Monate und einmal sogar drei, vier Jahre ...«

»Kriegstrauma. Aber es gibt auch andere Gründe zum Trinken: Probleme im Theater, Probenkrach, Erfolge, Suche nach Menschen, die nichts mit dem Theater zu tun haben.«

Wer redet so? Rolf Ludwig? Harald Juhnke?

Es ist Rolf Ludwig, der nach den Ursachen der Trinklust tastet. Von Juhnke gibt es nahezu gleichlautende Äußerungen. Auch er beginnt früh mit dem Trinken. Es sind Getriebene, und beide bezeichnen den Alkohol als ihren »Treibstoff«.

Nicht alle Alkoholiker, nicht alle Quartalssäufer sind sich so gleich. Aber Schauspieler sind es. Süchtig. Sich selbst verzehrend.

Einer von der Art, ein ganz anders begabter und veranlagter, einzigartiger Schauspieler war Klaus Kinski.

Rolf Ludwig ist Klaus Kinski im Januar 1945 bei Sheffield in einem britischen Kriegsgefangenenlager begegnet, im Lager-Theater. Sie spielten Schiller, Georg Kaiser, Goldoni. Der Prisoner of War Kinski, Jahrgang 1926, übernahm dabei gelegentlich die Mädchenrollen. In der Berliner Schauspielschule von Marlise Ludwig (sie ist mit Rolf Ludwig nicht verwandt) kreuzen sich dann auch die Wege von Harald Juhnke und Klaus Kinski. Der begann damals schon auf kleinen Bühnen mit seinen François-Villon-Vorträgen zu renommieren und zu randalieren. Juhnke ist Kinskis »genialisches Künstlergetue« zuwider, er spielt lieber den Musterschüler, Flegeljahre erlaubt er sich nicht. Er will ganz einfach vorankommen. Die Abgründe, die auch in seiner Seele liegen, werden lange überdeckt von einer ungeheuren Betriebsamkeit.

Es gibt jetzt Jobs für junge Schauspieler, überall. Mit dem Kabarettisten und späteren Mitbegründer der *Stachelschweine*, Wolfgang Gruner, kommt Juhnke in den Unterhaltungsprogrammen des neuen Senders RIAS an. Und mitten in die Ausbildung hinein platzt das erste Engagement. Juhnke, der schon wieder einmal ein neues Leitbild in den Kopf gesetzt bekommt, diesmal von seiner Lehrerin, die sagt, aus ihm könne ein zweiter Victor de Kowa werden, geht in die Provinz; an das Theater in Neustrelitz, einer mecklenburgischen Kleinstadt, hundert Kilometer nördlich von Berlin. Auf Juhnke wartet die Rolle des Dr. Trench in *Die Häuser des Herrn Sartorius* von G. B.

»Mikro-Kosmos«: Juhnke 1959 ...

... *und 1997*

Shaw. Nach drei Monaten geht dieses Abenteuer ohne jedes Aufsehen zu Ende. Etwas will er doch dabei gelernt haben: daß es für den Schauspieler, den er als einen »Handlungsreisenden in Empfindungen« bezeichnet, hilfreich sei, mit der jeweiligen Bühnenpartnerin das Spiel im Privaten weiterzutreiben. Daß der Schauspieler – mit einem Wort – kein Privatleben besitzt. In Berlin stürzt er sich nach der Rückkehr aus dem kleinstädtischen Milieu in allerhand Theaterabenteuer, die der Zufall bereithält. Wählerisch war Juhnke nie, damals konnte er es noch nicht sein. Bei der christlich orientierten Theatergruppe *Die Vaganten* wirkt er 1950 in einer Produktion mit, die den Titel *Ihr werdet sein wie Gott* trug; er spielt Kain, den Brudermörder. Und wie Gott sollte er Jahrzehnte später sein – ein Gott auf dem Altar der Titelseiten. 1952 springt Juhnke, einen Tag nach der Premiere, für den erkrankten Victor de Kowa als Benedict in der Shakespeare-Komödie *Viel Lärm um nichts* ein, in einer Aufführung der Freien Volksbühne, die damals noch im Theater am Kurfürstendamm untergebracht war. Die Einwechslung ging gut, und Juhnke erinnert sich vor allem daran, daß Intendant Siegfried Nestriepke ihm die Gage verdoppelte, auf »zwölfhundert Piepen«. Die beiden Stücke aus der Frühzeit des Stars kann man getrost als Motto nehmen für alles weitere, was da noch kommen sollte – viel Lärm um ein göttliches Nichts.

Juhnke dreht 1953 seinen ersten Film. Es handelt sich um eine belanglose Komödie, die unter dem Titel *Drei Mädchen spinnen* läuft. Juhnke spielt einen Pfarrer, die Rolle liegt ihm nicht. Aber er verdient das erste große Geld; 2500 Mark Gage. Der Regisseur ist Carl Froehlich, ehemals Leiter der NS-Reichsfilmkammer und Zarah-Leander-Inszenator. Für Juhnke war er schlicht und einfach ein »Altmeister«. Produzent ist Horst Wendlandt, der spätere Herr über das Winnetou- und Edgar-Wallace-Imperium.

Der Film floppt, aber Juhnke bekommt neue Angebote. Der junge Harald Juhnke legt ein Tempo vor, das er beibehalten und noch steigern wird, das jeglichen Selbstzweifel im Keim erstickt. Ein Innehalten wäre fatal. Er sei ein Schauspieler, der kein Typ ist, heißt es in einem Pressetext aus der ganz frühen Zeit. Juhnkes wandlungsfähiges, aber auch brüchiges Profil wird damit treffend charakterisiert. Er ahmt die UFA-Größen nach, und er orientiert sich an den amerikanischen Giganten. Frankie, ohne Ende: »Im Jahr 1951 heiratete Frank Sinatra die wunderbare Ava Gardner, eine Ehe für nicht sehr lange Zeit, aber immerhin. Er sang *Young at heart* und den Welterfolg *Three coins in a fountain*. Ich lernte damals Wilfried Seyferth kennen, einen vielbeschäftigten Film- und Theaterschauspieler, Porschefahrer, Feinschmecker und Gentleman.«

Bei dem älteren Kollegen, der ihn Junex nennt, bekommt Juhnke Gesellschaftsunterricht; wie man sich elegant-galant aufführt. Der Parvenü von der Plumpe nimmt auch diese Lektion dankend an.

Ähnelt *Harry-Junex* nicht dem tragikomischen Erzähler des Romans *Einer, keiner, hunderttausend* von Luigi Pirandello, der seine bürgerliche Existenz zersprengt, da er begreift, daß sein Ich keine geschlossene Einheit darstellt, vielmehr ein verwirrendes Kaleidoskop von abgelösten Bildern, je nach der Wahrnehmung der Menschen, die dieses Ich in ihren unterschiedlichen Betrachtungsweisen total auflösen?

Pirandello läßt einem solchen Menschen zwei Möglichkeiten: den Ausstieg aus der Gesellschaft und der Welt der Arbeit und des Kapitals. Oder den Sprung auf die Bühne. Dort erwartet das Publikum ein gewisses Maß an Verrücktheit.

Der Junge, der Harry hieß, weil sein Vater an den Darbietungen eines Sensationsdarstellers Gefallen fand, wird eines Tages sämtliche Erwartungen bei weitem übertreffen. Sein größtes Kunststück wird es sein, einen durch und durch bürgerlichen Menschen vorzustellen, und dies mit höchstmöglichem Einsatz. Und er wird einen schier endlosen Marsch durch sämtliche Institutionen der Kultur- und Unterhaltungsindustrie vorführen, belastet mit der Chimäre der kleinbürgerlichen Herkunft vom Wedding. Über diese Dinge spricht Juhnke nur selten oder ausweichend. Der Interview-Virtuose André Müller hat ihm einmal im *Playboy* eine längere Erzählung über die Kindheit entlockt:

»Ich habe an mich immer die höchsten Anforderungen gestellt, schon in der Schule. Ich war merkwürdigerweise in Mathematik sehr gut, obwohl ich gar kein mathematischer Mensch bin. Aber das hab' ich begriffen, und dann konnte ich das, während ich mich in den anderen Fächern, Latein, Sprachen, Geschichte, was mir heute wahnsinnig leichtfällt, oft überfordert fühlte. Darunter litt ich, denn ich wollte in allem der Beste sein. Sicher spielte da auch meine Herkunft eine gewisse Rolle. Mein Vater war Polizeibeamter. Nicht daß ich mich schämte, aber ich dachte, Gott, du bist aus so einfachen Verhältnissen, du wirst vielleicht von den anderen, die aus höheren Schichten kommen, nicht ernstgenommen. Also war ich besonders fleißig, besonders keß. Ich wollte immer der Ulkigste sein in der Klasse, was ich auch war. Ich hab' dauernd Blödsinn gemacht, um das Gefühl einer gewissen Minderwertigkeit zu kompensieren.«

1981 stirbt der Vater. Harald Juhnke steht unter Schock. Ertränkt die Depressionen. Läßt die ZDF-Show *Musik ist Trumpf* platzen, die er sich trotz des Trauerfalls noch zugetraut hat. Selbst in dieser extremen Streßsituation will er sich keine Pause gönnen.

Harry, den Klassenclown, vermag allein der Alkohol zu bremsen.

Nummer 5:

Er hatte noch nie gar keinen Erfolg –
Die mittleren Jahre

> Der Schauspieler,
> der mehr durch seine Krankheiten
> als durch seine Kunst
> auf sich aufmerksam machte ...
>
> Thomas Bernhard,
> Der Schein trügt

Die Aufgabe ist schwer, scheinbar unlösbar. Man hat sich einen Menschen vorzustellen in einer Zeit, die lange zurückliegt und in der jene Erkennungsmerkmale, die ihn heute, das heißt, seit fünfzehn, zwanzig Jahren, als unverwechselbar erscheinen lassen, noch nicht vorhanden waren oder sich noch nicht ausgeprägt hatten in ihrer charakteristischen, signifikanten Form. Man muß sich den Star vorstellen, als er noch kein Star war und nichts oder nur wenig, weil die Dinge im nachhinein doch immer einer gewissen Logik folgen, auf spätere Berühmtheit hindeutete.

Man muß sich, geblendet von einem medialen Dauerbombardement, einen Harald Juhnke ohne skandalösen Auftritt, ohne Kräche, Schlagzeilen, Bedrohungen nachgerade herbeiphantasieren.

Harald Juhnke 1950, 21 Jahre alt. Ein Nobody. Ein unbeschriebenes Blatt. Zwischen Zwanzig und Dreißig: Von Balzac hat man gelernt, dies sei die Phase der »Verlorenen Illusionen«. Aber der junge Mann stürzt sich in ein Metier, das von den Illusionen lebt, zumal in einem jungen Staat, der nach dem vollständigen menschlichen, moralischen, ökonomischen und militärischen Desaster dank des Anschubs durch eine transatlantische Weltmacht bereits wenige Jahre nach seiner Gründung wie eine Traumfabrik mit unwahrscheinlichen Zuwachsraten funktioniert. Harald Juhnke 1960, 31 Jahre alt. Noch immer ein Phantom. Ein Phänomen noch lange nicht.

Gewiß: Am Ende der fünfziger Jahre wird er wegen Alkohol am Steuer für ein paar Monate ins Gefängnis gehen, und es wird dann aber wieder eine lange Phase ohne Rambazamba folgen; jedenfalls dringen zu der Zeit die Eskapaden nicht an die Öffentlichkeit. Und die hätte für den Krawall eines durchschnittlichen Schauspielers kaum Verwendung gehabt. Auch im Künstlerischen erregt er geringes Aufsehen. Gelegentlich geistert, wenn das Fernsehen einen älteren deutschen Film wiederholt, ein Typ über den Bildschirm, der an Juhnke erinnert. Ähnlich ergeht es einem beim Betrachten alter Filmfotos und -zeitschriften. Im Abspann, im Kleingedruckten bekommt man die Bestätigung. Bei dem Hanswurst, dem Jüngling mit der mächtigen Tolle, handelt es sich tatsächlich um den Gesuchten. Die Identifizierung fällt auch deshalb schwer, weil in diesen geselligen Filmwerken ein überdrehter, theaterhafter Lustspielton herrscht, gerade so, als hätten sämtliche Mitwirkenden vor der Kamera ständig unter Strom gestanden.

Der Juhnke, der mit seinem Bekanntheitsgrad von den achtziger Jahren an jeden deutschen Politiker schlägt, ist ein Spätzünder, ein *late bloomer*. Dadurch ergibt sich eine Verbindung zu Bernhard Minetti, der unermüdlich auf Juhnkes schauspielerische Qualitäten hingewiesen und stets auch den hohen Schwierigkeitsgrad von Boulevardstücken betont hat, wenngleich die beiden niemals miteinander spielten. Minetti hatte bereits eine komplette und sehr beachtliche Theaterlaufbahn durchlaufen, bevor er, mit bald sechzig Jahren, von jungen Regisseuren wie Claus Peymann und Klaus Michael Grüber neu entdeckt und zu einer deutschen Schauspielerikone wurde. Juhnke, ein Vierteljahrhundert jünger als Minetti, wird auch erst nach der Mitte des Lebens seinen Radius vergrößern: erst als Show-

Heimat, deine Filme: mit Alice Treff 1955

star, nachher als Charakterkopf. Und als Lieblingsversager der Nation.

All das muß man ausblenden, den Entertainer und den Endzeitphilosophen des Alkohols, um an jenen jungen Mann heranzukommen, der zwischen 1953 und 1960 in rund vierzig Kinofilmen mitspielt. Juhnke mischt überall mit, er ist gut im Geschäft, doch er begründet in den fünfziger Jahren nicht die große Filmkarriere, wie so manch anderer. Er ist kein Hardy Krüger, kein Peter Kraus, kein Curd Jürgens, kein Horst Buchholz, kein Peter van Eyck, kein Mario Adorf. Er ist entweder zu jung oder zu alt, ihm geht das Charisma ab, und er bekommt auch nicht die Hauptrollen, die ihn bis nach Hollywood katapultieren. Was durchaus seine Vorteile hat. Bereits als junger Schauspieler zeigt Juhnke etwas, das ihn auch später auszeichnen wird, im Positiven wie im Negativen: Er ist ungemein flexibel. Er läßt sich nicht auf einen bestimmten Typus festlegen.

Horst Buchholz zum Beispiel hat seinen Mythos mit einer Handvoll Hauptrollen aufgebaut: *Die Halbstarken, Endstation Liebe, Nasser Asphalt;* es waren Filme, die das Lebensgefühl der Rock'n'Roll-Generation ausdrückten. Harald Juhnke dagegen tummelte sich nicht als Rebell, sondern als flotter, etwas schusseliger junger Mann, der sich ebenso den Schwiegermüttern empfahl wie deren Töchtern, im Familienfilm der Nachkriegszeit. Er besitzt ein ungeheures Stehvermögen und einen Überlebensinstinkt, weshalb er eines Tages auch all jene Kollegen hinter sich lassen wird, die damals schon berühmt waren. Solche frühe Prägung hat Juhnke nicht erfahren, und er war auch nie gezwungen, vom Ruhm vergangener Jahre zu zehren. Falls nötig, hat er von vorn angefangen, und in dieser Hinsicht ist er wirklich eine Ausnahmeerscheinung.

Etwas drastischer formuliert: Harald Juhnke schwamm stets im Strom der Zeit. Ein Außenseiter war er nie. Im bürgerlichen Sinne verstand er den Schauspielerberuf stets als lukrativen Gelderwerb. In seinen Erinnerungen mit dem Allzwecktitel *Na wenn schon* macht er aus dieser merkantilen Einstellung keinen Hehl: »Ich war so unkompliziert. Bei einer Offerte interessierte mich erstens die Höhe der Gage (was ist drin?), zweitens die Namen der übrigen

Mitwirkenden (prima, die Dame kenn' ich noch nicht), drittens der Aufnahmeort (gut, da scheint die Sonne).« Und so beschreibt er sich, verblüffend ehrlich und naiv, als braves Wirtschaftswunderkind: »Ich wollte viel Geld verdienen. Sehr viel. Und ich verdiente dann auch so sehr viel, daß ich mir ein Hobby erlauben konnte. Das vornehmste Hobby, das sich ein Geldverdiener erlauben kann: das Hobby des Geldwiederausgebens. Ich betrieb es zu Hause und unterwegs. Ich betrieb es leidenschaftlich.« Der Musterschüler des neuen Systems mit dem Hang zur Großspurigkeit setzte sich einem »Kreislauf« aus, der sich später zu einem Teufelskreis entwickeln sollte, mit zunehmender Tendenz zu kollabieren, dem Kreislauf: »Film = Geld = Lust = Film = Geld = Lust = Film = Geld = Lust = und so weiter.« Das Geld würde dann die Droge sein und der Alkohol das Schmiermittel.

Mit der erstarkenden Wirtschaftskraft der Bundesrepublik kommt in den Fünfzigern der Tourismus in Mode. In den Schlagern der Zeit hallt ein mittelmeerischer Exotismus ebenso wider wie in dem neuen Genre der Reise- oder Ferienfilme, wobei Musik und Film, wie schon zu Zeiten der Ufa, einander bedienten. Der Filmhistoriker Georg Seeßlen spricht von einer »Mittelstandskultur«, die sich hier Bahn brach mit der neuen, bald für jedermann erreichbaren Technologie des Autos: In diesen fünfziger Jahren scheint es dem deutschen Film in erster Linie darum gegangen zu sein, Refugien zu schaffen, in die die Last von Faschismus, Krieg und sogar Wirtschaftswunder nicht reichte. »Der Heimatfilm wurde das erste genuin deutsche Genre nach dem Krieg.« Und aus dem Heimatfilm hat sich der Ferienfilm zwangsläufig entwickelt. Das »Volk ohne Raum« rüstet sich zur wirtschaftlichen Expansion.

Das erste Ziel ist Bayern, dann geht es weiter nach Süden. An den Titeln aus Juhnkes Filmographie läßt sich ablesen, wie man sich geographisch vortastete:

Schön ist die Liebe am Königssee
Wenn die Alpenrosen blühn
Allotria in Zell am See
Der Glockengießer von Tirol
So liebt und küßt man in Tirol
Gruß und Kuß vom Tegernsee
Schick deine Frau nicht nach Italien
Mein Schatz komm mit ans blaue Meer
... und so weiter, ad libitum.

Juhnke fand sich (»für einen Kino-Lover sah ich nicht gut genug aus«) auf die Rolle des komischen Faktotums mit Berliner Schnauze abonniert, »das immer über irgendwelche Tannen, Tassen und Teller stolperte«, wie er sich viele Jahre danach einmal im *Spiegel* beklagte. Getrunken habe er, um sich zu betäuben wegen dem »Quatsch, den ich da machen mußte«.

So spricht er in den neunziger Jahren. Juhnke besitzt die ebenso erschreckende wie faszinierende Gabe, sein Leben, seine Laufbahn je nach den Erforderlichkeiten in ein bestimmtes Licht zu rücken. Es hat einen hohen Unterhaltungswert, wenn er sich von seinen frühen Heldentaten distanziert. Und er betreibt die Selbstkritik mit demselben Eifer, der ihn in allem von Anfang an auszeichnet.

Damals hat er nichts ausgelassen, keine Klamotte, keinen B-Film. Juhnkes Filmarbeit gleicht einer endlosen Ramsch-Liste. Das war *sein* Wirtschaftswunder. In Schlagerfilmen taucht der Schlaks ebenso auf wie in Landserstreifen *(Heldentum nach Ladenschluß, Die grünen Teufel vom Monte Cassino)*, und ein wenig Frivolität durfte nicht fehlen *(Jede Nacht in einem anderen Bett)*. Der Titel einer auf ihn zugeschnittenen Fernsehproduktion von 1977, *Ein Mann für alle Fälle*, beschreibt auch sein frühes Wirken treffend.

Damals, zu Hause in den Fünfzigern, hat sich Juhnke bereits für seine spätere Fernsehkarriere qualifiziert, denn die bundesdeutsche Fernsehunterhaltung bediente sich noch

Der Trottel vom Dienst: mit Ursula Lingen, 1952

bis weit in die achtziger Jahre hinein aus dem Fundus der Wirtschaftswunderzeit, mit ausländischen Stars, die deutsche Schlager sangen, und mit deutschen Schlagersängern auf der Suche nach der verlorenen Urlaubsliebe. Biederkeit war Trumpf, ehe die amerikanischen TV-Muster mit der Einführung des Privatfernsehens in Deutschland die verlogene Beschaulichkeit von Wohnstube und Fernsehstudio in ein Schlachtfeld unverhohlener Konsumgier und brutaler Schadenfreude verwandelten. Juhnkes Weggefährten Hans Rosenthal und Peter Frankenfeld waren zu dieser Zeit bereits verstorben, und für ihren legitimen Nachfolger würde es im Reich der neuen Fernsehkultur nur mehr einen Platz am Rande geben. Juhnke sollte der letzte der Showmaster alter Prägung werden, Fossil einer Epoche, als Showmaster noch als Beruf gleichsam auf Lebenszeit galt und die Qualifikation darin bestand, zugleich als vertrauter Gastgeber, Hausarzt und Retter des heiligen Samstagabends aufzutreten. Und der Sonntagnachmittag gehörte *Bonanza*; die amerikanischen Serien liefen damals einmal in der Woche, noch längst nicht täglich.

Trotz der allgemein stark ausgeprägten Orientierung nach amerikanischen Vorbildern, die bei Juhnke zur Obsession werden sollte, bedient Jung-Juhnke in erster Linie die deutschstämmigen Klischees. Er ist beteiligt an den Comeback-Versuchen verschiedener Ufa-Stars. 1958 dreht er *Bühne frei für Marika* mit Marika Rökk, dem alternden Showstar aus dem Dritten Reich. Ein Jahr zuvor steht er mit Hans Albers, dem Idol seiner Kinderjahre, vor der Kamera. *Der tolle Bomberg* heißt der Film, und es ist im Jahre 1957 der Versuch, die Münchhausen-Legende wiederzubeleben; die Debatte über die Wiederbewaffnung der Bundesrepublik ist zu diesem Zeitpunkt längst gelaufen. *Münchhausen*, 1942/43 zum 25jährigen Bestehen der Ufa in Babelsberg mit ungeheurem technischen Aufwand produziert, war Hans Albers' populärster Film – mitten im Krieg ein Lügenmärchen, im doppelten Sinn. Die Figur des Bomberg, die auf einen Schelmenroman der zwanziger Jahre zurückging, kopierte den Münchhausen-Mythos allzu offensichtlich. Auch Bomberg war ein Baron, ein Draufgänger, und Juhnke, Albers' Filmsohn, zeigte sich besonders von der Trinkfestigkeit des »Superschluckers« beeindruckt: »Er soff wie ein Loch.« Und er schleppte mit seinen fünfundsechzig Jahren reihenweise die Damen ab. So hat Harald Juhnke Hans Albers erlebt – so wollte er ihn erleben; Schauspielergeschichten, Projektionen. Drei Jahre nach dem nicht sonderlich erfolgreichen *Bomberg*-Abenteuer starb Hans Albers.

Im Fernsehen eifert Juhnke dem Idol 1974 nach. *Sergeant Berry*, seine erste Fernsehserie, ist ein Remake eines Albers-Films aus der Nazi-Zeit. Die Wahl dieses Stoffs verrät nicht unbedingt einen sicheren politischen Instinkt: Hans Albers – in der Rolle eines kugelfesten Chicagoer Polizisten – war seinerzeit dazu benutzt worden, das Publikum für das Verbot amerikanischer Abenteuerfilme zu entschädigen. Auch auf der Bühne hat Juhnke ihm die Reverenz erwiesen; er spielte am Hansa-Theater in Berlin *Liliom*, eine Paraderolle von Albers, mit dem Gassenhauer *Komm auf die Schaukel, Luise*. Zum Gastspiel in München am Deutschen Theater schrieb im Mai 1971 die *Süddeutsche Zeitung*: »Natürlich ist Juhnke kein Schauspieler mit besonders vielen sensiblen Zwischentönen – doch vom zweiten Akt an hatte er immerhin eine sehr aufrichtige, unkomplizierte Herzlichkeit und manchmal sogar Momente von schöner naiver Traurigkeit.« Der junge Kritiker hieß Benjamin Henrichs, seit Jahren bei der *ZEIT* und einer der originellsten Feuilletonisten. Der *Münchner Abendzeitung* galt Juhnke bei der Gelegenheit als »Deutschlands komischster Liebhaber«.

In den sechziger Jahren versanden die Filmaktivitäten. Mit Pierre Brice, dem Winnetou-Darsteller, und René Deltgen dreht Juhnke 1964 noch am Amazonas die *Weiße Göttin vom Rio Bene*, und von diesem Ausflug bleiben ihm nur die Samba tanzenden Brasilianerinnen in Erinnerung und der Zuckerrohrschnaps. Juanita, ein Mannequin aus Rio de Janeiro, will er im ersten Rausch mitnehmen nach Berlin; die alte Geschichte. Als die »Pauker«-Filme populär werden, steht Juhnke nicht beiseite. Er spielt 1969 in *Pepe, der Paukerschreck*. Mit dem jungen deutschen Autorenfilm kommt er nicht in Berührung. Er gibt sich aber auch nicht, wie so mancher abgehalfterte Komiker, für die ab Anfang der siebziger Jahre am Fließband produzierten bayerischen Dirndl-Lederhosen-Sex-Komödien her, die die letzten Zuckungen des Heimatfilms der Fünfziger bringen.

1984 unternimmt Juhnke den Versuch eines Kino-Comebacks. Es ist eine schlechte Zeit für den deutschen Film im allgemeinen, und Juhnke läßt sich von dem Regisseur Wolf Gremm, dessen Name zum Synonym für schlechte Filme dient (»Gremmy-Award«), als *Sigi, der Straßenfeger* vorführen; »ein Schwachsinnsfilm«, sagt Juhnke nachher selbst.

Berlin, 4. Oktober 1958. Bubi Scholz schlägt seinen Kontrahenten Charles Humez aus Frankreich k.o. und ist neuer Box-Europameister im Mittelgewicht. Humez wird nach diesem Kampf, den 30 000 Zuschauer im Olympiastadion miterleben, nie wieder boxen. Auf den Plätzen der Prominenz am Ring sitzen der Regierende Bürgermeister Willy Brandt, Box-Idol Max Schmeling und die Freunde aus der »Zelluloid-Branche«, wie Scholz die Schauspieler nennt: O. E. Hasse, Curd Jürgens, Kurt Meisel, Wolfgang Preiss, Harald Juhnke. Die *Bild-Zeitung* läßt in der Nacht noch eine Sonderausgabe auf dem Kurfürstendamm verteilen, und Peter Frankenfeld unterbricht seine Fernsehshow für die Siegesmeldung. Harald Juhnke hat in seiner Wohnung Champagner kaltgestellt. »Und die Siegesfeier sollte mir körperlich fast soviel abverlangen, wie die zwölf Runden mit Charles Humez. Aber das wußte ich noch nicht, als ich in der Bayerischen Straße ankam«, schreibt Scholz in seinem 1980 veröffentlichten Erinnerungsbuch *Der Weg aus dem Nichts*.

Wieder eine Berliner Legende vom Aufstieg – und der

tiefe Fall stand Gustav Bubi Scholz da noch bevor. Aus dem Prenzlauer Berg hat er sich hochgeboxt, der Arbeitersohn des Jahrgangs 1930. Ein paar Monate nur ist er jünger als sein Freund Juhnke, die Verhältnisse in beiden Familien dürften ähnlich gewesen sein. Ab 1948 nimmt Harry Juhnke Schauspielunterricht. Im gleichen Jahr bekommt Scholz von der Olympia-Boxschule seinen ersten Kampfvertrag. Gegen Ende seiner sportlichen Laufbahn wird Scholz auch in der »Zelluloid-Branche« aktiv. Er dreht mit dem Produzenten Arthur Brauner zwei Spielfilme, er nimmt Schallplatten auf und spielt mit Peter Frankenfeld und Willy Millowitsch in Fernseh-Sketchen. Der Alkohol sollte ihn nachher zu Boden werfen, und mit Scholz würde auch wieder ein Held der Fünfziger und Sechziger von der Bildfläche verschwinden.

Im Oktober 1967 muß Harald Juhnke eine herbe Niederlage einstecken. Zum ersten Mal wagt er sich als Chansonsänger auf die Bühne. Er hat große Pläne, will »ein männliches Pendant zu Hildegard Knef« schaffen. Das Programm trägt, wie auch seine erste Langspielplatte, den Titel *Mit beiden Händen in den Taschen*. Zwar besitzt er einige Musical-Erfahrung, *Irma la Douce* ging ihm erfolgreich von der Hand, doch nach dem mitternächtlichen Auftritt in der Komödie am Kurfürstendamm hagelt es Verrisse wie nie zuvor und später nie mehr wieder. *Laß das sein, Harald!*, fleht die *BZ*. Die *Berliner Morgenpost* stöhnt über das »Gemisch aus Kraftmeierei, Katzenjammerstimmung und moralischem Pathos, dazwischen ein paar Prisen Weltschmerz und Lebensweisheit«. Die *Welt* gibt sich richtig gehässig: »Juhnke hat sich einiges vom Schaugeschäft der Singstars abgeguckt und abgehört. Er spreizt den Daumen schon wie ein Alter und läßt das Kabel des Mikrofons darüberlaufen. Das ist trefflich beobachtet. Er legt mitunter ein bißchen Bibber in die Stimme und läßt die Endsilben seiner Liedtexte summend verhallen. Doch diese Texte, vor allem die aus Joachim Fuchsbergers Feder, hätten auch einem routinierten Sänger zu schaffen gemacht.« Und dann benutzt der Kritiker einen üblen, alten Rezensententrick: »Beim Hinausgehen sagte jemand, viel schlechter kann man eigentlich gar nicht singen. Vox populi, vox Dei.« – Textproben:

> Ich bin ich,
> und was ich mache,
> das ist meine eigene Sache
> ...
> Ich will mich nicht loben,
> doch wo ich bin
> das ist oben.

oder:

> Ich versetze Berge,
> mach die Träume wahr.
> Ich erschaffe Himmel,
> wo die Hölle war.

oder:

> Wenn es regnet
> werd' ich naß –
> kennst du das?

Diese Art Textschwäche, eine chronische Schwäche für präpotente Texte, sollte Harald Juhnke auch nie mehr verlassen. Ähnliches gilt für die Fernseharbeit. Daß Juhnke, wie einmal 1978 in der Fallada-Serie *Ein Mann will nach oben*, als Charakterkopf eingesetzt wird – er spielte einen Fuhrunternehmer und Alkoholiker –, muß als Ausnahme betrachtet werden. Juhnke ist in diesen *Quatschjahren* der Juxonkel, der Unterhaltungsflachmann vom Dienst. Oder das Berliner Original *(Preußenkorso Nr. 17)*. Mit Wolfgang Rademann, der später der Nation so schöne Dinge wie die *Peter-Alexander-* und die *Anneliese-Rothenberger-*

Landser Juhnke: »Preußenkorso Nr. 17«, 1977

Show, *Das Traumschiff* und *Die Schwarzwaldklinik* präsentierte und dafür auch ein Bundesverdienstkreuz erhielt, produziert Juhnke von 1977 bis 1980 die Serie *Ein verrücktes Paar*; vertraglich hat er sich verpflichten müssen, während der Dreharbeiten keinen Alkohol zu trinken. Grit Boettcher, Berliner Ulknudel und Boulevard-Vamp, ist seine

Gespielin. Das Paar führt Sketche vor und Verkleidungsorgien, so hektisch wie harmlos. Es ist die Fortsetzung des Boulevard-Theaters im Fernsehen. Die gleiche Nummer legt Juhnke in den achtziger Jahren bei *Harald & Eddi* in Dutzenden von Folgen mit Partner Eddi Arent auf.

Produzent Rademann gehört zu jenen Glücksrittern, denen der Erfolg immerzu recht gibt, und man kann ihn zweifellos im öffentlich-rechtlichen Bereich als einen Wegbereiter des Privatfernsehens bezeichnen. Er jagte den Einschaltquoten nach, als die Existenz der Sender davon noch nicht abhing. Und Juhnke war ihm ein absoluter Erfolgsgarant. Über Rademanns Rezepte hat sich Juhnke in *Na wenn schon* dann auch Gedanken gemacht:

»Du brauchst 'n Alexander-Immätsch, sagte Wolfgang Rademann immer, wat du hast, is'n Ami-Immätsch. So mit Weiberwhiskyundbrasilzijarren. Det konnte sich nicht mal Al Capone erlauben, det bringt Ärjer. Und du wirst sehen, den krichst du ooch. Du bist'n Sympathieträger, Mensch, 'n Sympathieträger mit so'm kaputten Immätsch is keener, wir müssen dein Immätsch uffpolieren, sauf nich so ville, quatsch nich, denn könnwa aus dia 'n Alexander machen.«

Wer da spricht, ist nicht ganz klar, ob Juhnke (der ein fabelhafter Stimmenimitator ist) oder Rademann oder die Ghostwriter. Der Berliner Dialekt bekommt nur wieder einmal ein bescheidenes Intelligenzzeugnis ausgestellt. Juhnke wollte und konnte freilich kein Peter-Alexander-Verschnitt werden, und Rademann hat seine Meinung nachher auch revidiert, was den Zusammenhang von Image und Popularität bei Juhnke betrifft. Sie lieben ihn nicht trotz, sondern gerade wegen des ewigen Ärgers.

So einwandfrei, blitzsauber und unangefochten, wie Rademann und mit ihm Millionen von Zuschauern glaubten, charmierte sich allerdings auch ein Peter Alexander nicht durch seine Fernsehabende. Man könnte seine lausbübische, kokette Art als Wiener Schmäh verstehen, aber auch als biedere Tuntenshow. Das Tuntige hat auch Juhnke

Harald & Eddi

im Repertoire. *Charleys Tante* gehörte solange zum Pflichtprogramm der Fernsehunterhalter, bis ausgewiesene Transsexuelle und Transvestiten die Bildfläche erklimmen durften. Es waren wiederum die Privatsender, die nachher nicht nur die sexuelle, sondern auch gleich eine pornographische Revolution im Fernsehen einleiteten.

Bald zwanzig Jahre liegt Juhnkes erste *Musik ist Trumpf*-Sendung zurück. Mit dieser vom ZDF produzierten Show hat er sein Massenpublikum erobert. Denkbar einfach, antiquiert wirkt heute das Konzept: Der Star lädt sich Stars ein. Es hat die Zuschauer befriedigt, wenn Sangeskünstler aller Couleur in sterilen, revuehaften Bühnenarrangements unter einem Plastikblumenhimmel ihre Hits ablieferten, die Ballettmädchen ihre Beine schwangen und sich zum Finale die Prominenz bei den Händen faßte.

»Musik ist Trumpf«: mit Barbara Schöne und Peter Alexander

Juhnke war der stets etwas vorlaute Conférencier im Smoking mit dem messerscharf gezogenen, tiefliegenden Seitenscheitel, was ihm das Aussehen eines Toupetträgers verlieh. Ein Entertainer, der vor Stolz erglühte und oftmals verkrampft wirkte, wie der Vater der Braut auf einem Hochzeitsfest.

Nach der Trennung vom ZDF kopiert die ARD mit Juhnke die *Musik ist Trumpf*-Masche in reduzierter Form. *Willkommen im Club* wird intimer aufgezogen, Juhnke bekommt für seine Sketche größeren Spielraum, und die alten Zugpferde reiten wieder ein; Mireille Mathieu, Wencke Myhre, Gilbert Bécaud, Udo Jürgens, Johannes Heesters. Manchmal erweckte der Entertainer den Eindruck, als wolle er einen Entertainer parodieren.

Juhnke und das Fernsehen – eine Mesalliance?

Berlin bleibt doch Berlin: mit Günter Pfitzmann

Locker hat er seinerzeit die Konkurrenz aus dem Feld geschlagen, und er war der singende, tanzende, blödelnde Showmaster, der die Generation der Patriarchen à la Kulenkampff ablöste. Heute ist die Zeit der aufwendigen Musikunterhaltungssendungen längst passé. Der letzte der Dinosaurier der jüngeren Generation ist Thomas Gottschalk, und seine Traumquoten mit *Wetten, daß*, das einer Materialschlacht gleicht und als teuerste TV-Show der Welt gilt, markieren im Grunde einen Anachronismus. Dem DJ, der Plaudertasche, dem sadistischen Spielleiter und Leuteschinder, dem Konsumwarenvertreter gehören die Gegenwart und das Fernsehen der Zukunft.

Juhnke hat über die Jahre ausgiebig mit dem Fernsehen geflirtet. Wenngleich es nie gereicht hat zum souveränen Spiel mit den Möglichkeiten des Mediums. Ganz hingegeben hat er sich dem Fernsehen nie; aber wann hätte er das je vermocht – sich auf eine Sache ohne jede Rückversicherung, ohne jede Ausflucht zu konzentrieren?

Er hat auch in den Fernsehjahren ausgiebig Theater gespielt; die gewohnten Boulevardgeschichten zwischen Bett und Hausbar, aber auch anderes, wie *Ein besserer Herr* von Walter Hasenclever und *Mein Freund Harvey* im Theater am Kurfürstendamm.

Harald Juhnke ist ein Theaterschauspieler. Ein verlorener Sohn der Bühne. In den fünfziger Jahren findet man ihn in Shakespeare- und Kleist-Rollen, wenn auch nicht in herausragenden Inszenierungen, und zu Beginn der Siebziger, als er an der Freien Volksbühne engagiert war, schien er durchaus am Theater angekommen und auf eine Bühnenkarriere eingeschwenkt zu sein.

Harald Juhnke ist ein Schauspieler von vielen Talenten. Das ist sein grundsätzliches Problem. Vielseitigkeit verführt in seinem Fall zur Talentvergeudung. Die in Deutschland auf fatale Weise den Künstlern, dem Publikum und der Kritik eingeprägte Hierarchie der Genres – Schauspiel ist oben, Unterhaltung unten – verlangt absurde Festlegungen. Wer die Spielfelder wechselt, gilt als Exot. Letztlich als unseriös.

Hier wird man konfrontiert mit einem Akteur und Selbstdarsteller, der jahre- und jahrzehntelang in Fernsehsketchen auftrat und Wunschkonzerte moderierte und mit fünfundsechzig Jahren das für einen Schauspieler durchaus natürliche Bedürfnis verspürt, den *Lear* von Shakespeare zu spielen. Wenn es da ein Mißverständnis gibt, so liegt es auf beiden Seiten – bei dem Schauspieler, der seine Möglichkeiten eventuell überschätzt, und in einer Öffentlichkeit, die es nicht gerne sieht, wenn Klischeevorstellungen verraten werden. Dieser Weg ist schwer und gefährlich für jemanden, der sich an die Droge des leichten Erfolgs gewöhnt hat. Denn das ist die Droge, die alle anderen Drogen nach sich zieht.

Über Jahrzehnte scheint die Gefahr Juhnke nicht gekümmert zu haben; es gab weder die Gelegenheit noch eine innere Veranlassung, sich über das Syndrom von Arbeit, Alkohol und Aufmerksamkeitsverlangen Gedanken zu machen, so wie später in der *Alkohol ist keine Lösung*-Beichte: »Ich bin fast sicher, daß ich all meine erfolgreichen Theaterstücke immer wieder versuche, in mein eigenes Leben zu integrieren. Das ist vielleicht ein großer Fehler, denn neunzig Minuten Theater, unter schallendem Applaus, können nie die Richtlinien für die Gestaltung des eigenen Lebens sein.« Genau das aber hat er ausprobiert; ein Leben im Stil einer boulevardesken Gala. Und die Party, zu der die ganze Nation eingeladen ist, scheint ohne Ende weiterzugehen.

Alles noch einmal auf Anfang: Im Jahre 1959 kannte man Juhnke, und man kannte ihn auch nicht. Man sollte ihn kennenlernen. Er war gerade wegen Trunkenheit am Steuer und Widerstand gegen die Staatsgewalt zu seiner Gefängnisstrafe in Tegel verurteilt worden und drehte in den Spandauer CCC-Studios noch schnell einen Film mit dem nicht sonderlich originellen Titel *La Paloma*. Erzählt wird eine Kleinstadtgeschichte, in der sich zwei Theater um ein Revuestück streiten. Juhnkes Gegenspieler war Karlheinz Böhm, der Sissi-Traumprinz, die Kessler-Zwillinge waren mit von der Partie, und als Stargast wurde Louis Armstrong eingeflogen. Eine unwahrscheinliche Mischung.

Ein Star war er noch nicht. Aber eine große Nummer. Die *Bild-Zeitung* titelte damals schon mit sicherem Instinkt: »Harald haut auf die Pauke.«

Nummer 6:

Der Lustigste unter den Traurigen –
Der späte Theatererfolg

> Stammheimer: Darauf trinken wir einen, Mann
> Stockhausen: Richtig, darauf trinken wir einen, Prost
> Stammheimer: Ach Harald
> Stockhausen: Mensch Bubi
> Rainald Goetz, Heiliger Krieg

Harald Juhnke haßt das Boulevardtheater.

So hat er es natürlich nie gesagt, und wenn er sich einmal abfällig über das Kudamm-Milieu geäußert hat, wo ihm die Menschen bis in alle Ewigkeit zu Füßen liegen, dann hat er es so radikal auch nicht gemeint.

Juhnke weiß, woher er kommt. Wie eine Boulevardaufführung mit Juhnke funktioniert. Er betritt die Bühne: Applaus. Er geht ab: Applaus. Und manchmal ist er rückwärts abgegangen, um den letzten Beifallstropfen auch noch auszukosten. Im einschlägigen Boulevardtheater wird ein Harald Juhnke so zwangsläufig zur Rampensau, wie er unter bestimmten, immer wiederkehrenden Umständen zum Trinken verurteilt ist.

»Noch einmal überstehe ich das nicht«, eine stereotype Wendung nach alkoholischen Exzessen. Die Ärzte haben ihn wegen seiner angegriffenen Gesundheit auf schärfste ermahnt, abstinent zu leben. Ähnlich stark wird mit der Zeit der existentielle Druck für Juhnke, aus einem bestimmten Rollenmuster auszubrechen. Der Schauspieler verlangt nach »schwerblütigen Rollen, gebrochenen alten Männern«. Jetzt will er zeigen, was in ihm steckt – das Drama, das sich nicht in Schlagzeilen erschöpft, mögen sie noch so morbide und geschmacklos sein.

»Wenn da die Premiere raus war, habe ich mich schon gelangweilt«: Juhnke steht, als er sich für eine ganze Weile vom Boulevard abwendet, »weil mir dazu nichts mehr einfällt«, kurz vor seinem 60. Geburtstag. Er meint es bitterernst und formuliert es wieder mundgerecht: »Ich will raus aus den Schlagzeilen, rein ins Feuilleton.« In seinem Berliner Tonfall klingt die Ankündigung noch ein bißchen flapsiger. Doch er hat, in der ihm eigenen raffiniertnaiven Art, verstanden, wie der Kulturbetrieb läuft. Nur wer im Feuilleton besprochen wird, gehört zu den ernsthaften Künstlern. Und Boulevardstücke werden im überregional bedeutsamen Feuilleton so gut wie nie registriert. Bis dahin gehörte Juhnke zu den Parias des Feuilletons; da hat man ihn nicht wahrgenommen, nicht als Künstler, sondern gelegentlich als Phänomen oder Phantom des Fernsehens und der Regenbogenpresse.

Raus aus den Schlagzeilen, rein ins Feuilleton. Dahinter verbirgt sich freilich auch der hierzulande durchaus verständliche Respekt eines Showmenschen vor der Hochkultur. Hat Juhnke nicht einmal am Theater angefangen, in Rollen, die dem Bedürfnis nach Ernsthaftigkeit genügten? Doch nie hatte er sich einem Staats- oder Stadttheater für längere Zeit verbunden, was gemeinhin als Voraussetzung dafür gilt, die gewichtigen Rollen des Repertoires zu bekommen. Er zählt auch nicht zu jener Gruppe von Schauspielern, die den Shakespeare-Jet-Set zwischen Hamburg, München, Wien und Berlin betreiben. Niemals war Harald Juhnke mit einer Produktion zum Berliner Theatertreffen eingeladen. Das war nicht seine Welt, man muß auch sagen, er hat sich diesen Weg frühzeitig selbst verbaut, weil er dem schnellen Geld, dem Glamour hinterherjagte. Weil er sich für jeden und für alles hergab.

Weil er arbeiten muß, um zu überleben. Arbeit bedeutet in diesem Fall die permanente und totale Selbstentäußerung.

Ende der achtziger Jahre versucht Juhnke, in seinem Fundus auszumisten. Er sagt den Boulevard-Possen adieu, dabei stellt er den »neuen Juhnke« mit einem derartigen Nachdruck heraus, daß Zweifel durchaus angebracht sind. Er untermauert seinen Anspruch, künftig als gereifter Schauspieler akzeptiert zu werden, mit der Langspielplatte *Barfuß oder Lackschuh*, die zu Beginn des Jahres 1989 erscheint. Er achtet jetzt stärker auf Qualität und Authentizität. Das Cover fotografierte Jim Rakete, der bekannte Designer der seinerzeit schon wieder abgeebbten Neuen Deutschen Welle. Auch Juhnkes Studiomusiker klingen jetzt etwas rockiger. Die meisten Texte dieses Albums, das Juhnke als eine intime Bilanz angelegt hat, bewegen sich freilich in den alten Bahnen: Harald Juhnke mächtig obenauf, »und gab es auch hin und wieder Zeiten/mit skandalösen Pleiten«.

Mit sechzig noch ist er von bis Fuß auf Liebe eingestellt. Er singt *Ich kann nicht treu sein* und fühlt sich als libidinöser Fatalist:

> Da bin ich wie ein Kind,
> Das Sterne zählt,
> Wenn Augen strahlen,
> Wird nicht gewählt,
> Denn ich muß lieben,
> Das ist Natur
> Dann bleib ich bei dir,
> Dann bleib ich nur ...

Klaus Hoffmann hat ihm dieses Lied geschrieben, in einem feineren Ton, als man es bei Juhnke gewohnt ist. Von Hoffmann stammt auch einer der Songs, die Juhnke auf der *Barfuß oder Lackschuh*-Platte seiner Ehefrau Susanne kredenzt:

> Du bist da,
> Wenn andre längst schon fort sind,
> Die meisten schon von Bord sind,
> Dann sagst du nichts,
> Dann bist du einfach da.

Auf der Geburtstags-LP läßt Juhnke, wie erwartet, auch seinen unverbesserlichen, trotzigen Triumphgesang erschallen. Es ist jener Song, von dem er sagt, daß Frank Sinatra ihn gesungen habe, als es ihm so richtig dreckig ging, als er am Boden war:

>Ich hab ein Publikum,
>Und darauf kann ich mich verlassen;
>Es nahm und nimmt nichts krumm,
>Ich kann es manchmal kaum noch fassen.
>Ich hab auch eine Frau,
>An der ich jetzt beschämt vorbeiseh',
>Zu oft hat sie gehört:
>I did it may way.

Das ist nicht gelogen. Es gab Phasen, da brachte Juhnke Familie und Freunde mit der Endlosschleife *My Way* zur Verzweiflung. Die deutsche Fassung von Thomas Woitkewitsch, der auch für die Italienerin Milva deutsche Schlager-Platitüden getextet hat, unterschlägt allerdings die harten Worte, vor denen ein Sinatra im Alter von 55 Jahren nicht zurückgeschreckt war. *And now the end is near, and so I face the final curtain ...* Vom allerletzten Vorhang will Juhnke jetzt nichts wissen. Er befindet sich im Aufbruch, nicht am Ende. Die Katastrophen gehören der Vergangenheit an, wenngleich es makaber anmutet, daß die Plattenfirma CBS in einem Pressetext zu der neuen LP an die Zeit in der Gosse erinnert: »1984 ist er in der größten Krise seines Lebens. In der Gummizelle einer psychiatrischen Klinik in Basel kommt er zu sich und denkt: Nu ist alles aus. Det wird nischt mehr. Der Arzt soll geraten haben: Machen Sie doch mal Dinge, die schwer sind für Sie. Vielleicht werden Sie den Druck dann los, der in Ihnen ist.«

Mit dem Berliner Renaissance-Theater hat Juhnke 1987 einen exklusiven Fünfjahresvertrag geschlossen. Das neue Terrain ist abgesteckt. Und ein bißchen Boulevard ist auch noch dabei, da das Haus an der Hardenbergstraße in Charlottenburg von jeher eine Mischkalkulation betreibt. Auf dem Spielplan stehen sogenannte anspruchsvolle Stücke, aber immer wieder auch Komödien, und häufig engagiert das Renaissance-Theater Schauspieler, die mit einem Fernseh-Bonus vor das Publikum treten. Der *en suite*-Betrieb schließt Flops praktisch aus; ein Stück, das schwach läuft, gefährdet das gesamte wirtschaftliche Gefüge.

In gewisser Hinsicht läßt Juhnke sich also doch auch wieder auf einen Kompromiß ein, als er ans Renaissance-Theater geht. Die Bühne, die in den fünfziger und sechziger Jahren während der Intendanz von Kurt Raeck einen guten Ruf als literarisches Kammerspiel genoß, sucht, wie Juhnke, nach einem neuen Profil. Von 1980 bis 1986 leiteten Heribert Sasse, der spätere Generalintendant der Staatlichen Schauspielbühnen, und sein Dramaturg Knut Boeser das Haus mit erkennbarem Willen zum Experiment und dem Mut zum Risiko. Gerhard Klingenberg, ab 1986 Intendant, versucht die Zeit wieder ein wenig zurückzudrehen. Er setzt, zumeist in eigener Regie, Klassiker sowie durchgesetzte Dramatik des 20. Jahrhunderts an. Klingenbergs einziger Kunstgriff und auch einziges Risiko heißt Harald Juhnke. Große Autorennamen und ein Star mit neuem Image: Das ist das Sanierungskonzept für alle Beteiligten.

Ungeschickt war die Entscheidung für das Renaissance-Theater nicht. Das Haus war klein, es konnte sich auf den Haupt- und Selbstdarsteller einstellen. Ein anderes Berliner Theater hätte Juhnkes Pläne damals nicht realisieren können. An der Freien Volksbühne machte sich der egomanische Hans Neuenfels breit, die Schaubühne steckte nach dem Abgang von Peter Stein in einer Identitäts- und Führungskrise, das Schiller-Theater blähte sich als Saurier, dessen Untergang freilich noch niemand vorhersah, wenngleich für das gesamte Theater im Westen Berlins schon Jahre vor der Vereinigung die Endzeit begonnen hatte.

Harald Juhnke ist als Schauspieler ein Sonderfall. Wohin hätte er gehen können, ohne die festgefügten Strukturen eines Ensembles zu erschüttern? Für die zweite Reihe taugt er nicht, wer hätte ihn mit seinen Ambitionen zu der Zeit ernstgenommen in den großen Häusern? Und am Kudamm bieten sie ihm stets die alte Leier an.

Der 6. September 1987 wird zu einem einschneidenden Datum in der Karriere des Schauspielers Harald Juhnke, dem seine oft beschworene Vielseitigkeit anhaftet wie ein uneingelöstes Versprechen. An diesem Abend hat *Der Entertainer* von John Osborne am Renaissance-Theater Premiere, und Juhnke versucht sich an einer der schwierigsten Rollen des zeitgenössischen Welttheaters, dem vom Leben kaputtgespielten Komiker Archie Rice.

Will Quadflieg hat Juhnke diese Rolle ans Herz gelegt. Es ist eine programmatische Wahl, so wie *Der Entertainer* selbst den Untergang einer populären Theaterform, der Music-Hall, mit dem Zerbrechen des britischen Empire verbindet, und nebenbei läuft auch noch eine Familientragödie ab. Für Juhnke bietet dieses Stück so zahlreiche Anknüpfungspunkte wie keine andere Rolle je in seiner Laufbahn. Dies läßt sich umgekehrt sagen: Harald Juhnke bietet dem Stück mit seiner Biographie, seiner künstlerisch-psychologischen Disposition eine große, womöglich allzu große Angriffsfläche.

Osbornes Geniestreich – *Der Entertainer* war sein zweites Stück, nach *Blick zurück im Zorn* – zeigt ohne Zweifel, daß Leben und Theaterleben nicht nur nicht auseinanderzuhalten sind, sondern als zwei Schauplätze ein und desselben Dramas betrachtet werden müssen. Bernhard Minetti hat in einer Grußbotschaft für Juhnkes Anekdotensammlung *Was ich Ihnen noch sagen wollte* genau dies formuliert: »Er vermag auch den gefährdeten Menschen glaubhaft darzustellen, in Osbornes *Entertainer* zum

Beispiel – nicht zuletzt aus eigener, schmerzlicher Erfahrung. [...] Er ist ein Künstler und ein Mensch, als solchen sehe ich ihn. Wenn andere das nicht tun, tun sie mir leid, sie verstehen ihn nicht. Er hat es nicht nötig, Sensationslüsternheit zu stillen. Er soll spielen – das allein zählt.«

Archie Rice zählt schon nicht mehr zu den Gefährdeten. Er ist am Ende; ein stets betrunkener, krakeelender, zotenreißender, in Selbstmitleid schwelgender drittklassiger Unterhalter. Sein finanzieller Status als notorischer Bankrotteur entspricht der inneren Verfassung, Archie fühlt sich »tot hinter den Augen«. So tot wie die einst in England blühende Music-Hall-Kultur, die dem Kino und dem Fernsehen zum Opfer fiel. So kann *Der Entertainer* als Menetekel für das Theater überhaupt verstanden werden, für das populäre, proletarische Theater. Entsprangen nicht auch Wladimir und Estragon, das Clownspaar in Samuel Becketts *Warten auf Godot*, dem Dunstkreis der Music-Hall? Archie Rice spricht Sätze aus, die nur deswegen nicht sogleich Beckettsche Assoziationen heraufbeschwören, weil sie nicht in einem metaphysisch-abstrakten Ambiente angesiedelt sind, sondern in einem schäbigen, familiären Theatermilieu. »Wir sind Trunkenbolde, Wahnsinnige, wir sind verrückt, wir sind geistesgestörte Exzentriker«, wütet Archie gegen sich selbst, »wir sind Figuren aus einem Stück, das keiner ernstnimmt. Wir sind so was, worüber Leute Witze machen, weil wir so fern jeder normalen, täglichen, menschlichen Erfahrung sind.« Und Archie weiß, daß er hier nicht die Wahrheit spricht. Denn in jedem Theatersaal sitzen etliche Zuschauer, die solche Erfahrungen tagtäglich machen. Nur gab es zu der Zeit, als Osborne, selbst einmal ein verkrachter Schauspieler, sein Comedy-Drama schrieb, kaum Stücke, die sich mit kleinbürgerlicher Exzentrik abgaben.

The Entertainer wurde 1957 im Royal Court Theatre London uraufgeführt, mit dem weltberühmten, begnadeten Shakespeare-Darsteller Laurence Olivier als Archie

Die Rolle seines Lebens: Der Entertainer am Renaissance-Theater

Rice, Tony Richardson führte Regie. John Osborne hatte das Stück für Olivier geschrieben, der sofort zugriff, kaum daß er den ersten Akt in Händen hielt. »Daß ich mich so überstürzte, hatte nicht nur reine und unschuldige Motive. Mir kam es in zunehmendem Maße darauf an, mich von meiner Ehe zu desangegieren, und eine scharfe Kursänderung in meiner Karriere schien mir da hilfreich zu sein«, verriet der 1970 zum Lord erhobene britische Theater- und Filmstar in seiner Autobiographie *Bekenntnisse eines Schauspielers*.

Eine seltsame Aura liegt über diesem Stück. Seinem Autor – John Osborne entstammt dem Jahrgang 1929, wie Juhnke – sollte nachher nie wieder ein richtiger Erfolg beschieden sein. Auch für den Darsteller des Archie Rice in der deutschsprachigen Erstaufführung, die ebenfalls 1957 stattfand, markierte *Der Entertainer* eine scharfe Zäsur. Gustaf Gründgens war der erste deutsche Archie Rice in Hamburg in der Inszenierung von Heinz Hilpert. Das Deutsche Schauspielhaus Hamburg war seine letzte Station. Gründgens starb 1963. Sein Biograph Curt Riess behauptet, daß Gründgens mit der für ihn an sich unangemessenen Rolle eines verkommenen Varieté-Komikers, der im wesentlichen von Alkohol, gelegentlichen unsauberen Eroberungen kleiner Mädchen und der Illusion lebt, das Publikum sei »von ihm hingerissen«, gegen das Alter ankämpfte. Gründgens wollte noch einmal singen, steppen, Pointen abschießen, wie in den zwanziger Jahren im Berliner Kabarett. Riess war der Meinung, daß Gründgens es letztlich »nicht ganz über sich brachte, einen schlechten Komödianten darzustellen«.

Mephisto in der Music-Hall. Da liegt die kaum aufzulösende Schwierigkeit des Stücks. Es braucht einen erstklassigen Protagonisten mit der Fähigkeit, eine Knallcharge vorzuführen mit all ihrer üblen Routine, und von der gespielt verkommenen Unterhaltungsmasche muß die Faszination sublimer Schauspielkunst ausgehen. Beim Theater der Handwerkstölpel in Shakespeares *Sommernachtstraum* stößt man auf ein ähnliches Problem. Gute Schauspieler sollen als schlechte Schauspieler gut aussehen.

Für Harald Juhnke ist das Problem vielleicht gar nicht so groß gewesen, weil er das Show-Milieu besser kennt als ein Gustaf Gründgens oder ein Martin Held, der den *Entertainer* Ende der fünfziger Jahre am Berliner Schloßparktheater gespielt hat. Nicht die Music-Hall, die eine zutiefst britische Errungenschaft war, doch der TV-Tingeltangel, das Herumzappeln, das Gute-Laune-Machen vor der Kamera liegt Juhnke im Blut, und schließlich hat die alte Music-Hall im Fernsehen überlebt, in einer allerdings reichlich pervertierten Form. Juhnke muß also nicht die bildungsbürgerlichen Ideale beiseite räumen, wenn er sich dem *Entertainer* nähert. Und er hält sich wiederum – mit einiger Berechtigung – für den einzigen in Deutschland, der beides spielt und beides kann, den Entertainer im Fernsehen, auf Kaffeefahrten, im Konzertsaal und den *Entertainer* von Osborne im Theater. Peter Alexander oder Günther Pfitzmann, mit dem ihn eine herzliche Boulevard-Feindschaft verbindet, würden so etwas doch niemals spielen, frohlockt Juhnke.

Die Rechnung geht auf. Achtzigmal tritt Juhnke als Archie Rice vor ein ausverkauftes Haus, »viele wollten mich nicht so sehen, aber gekommen sind sie doch«. Viele Zuschauer ahnen nicht, was sie erwartet: eine Theateraufführung, die Juhnke zwingt, eine gute Show-Miene zum bösen Backstage-Spiel zu machen. Hart, unbarmherzig, zotig sind die Osborneschen Dialoge. Juhnke liefert das ab, ohne mit der Wimper zu zucken. Er mimt den Conférencier mit erschütternd ruhiger Professionalität. Schmutz, Ekel und Elend lösen bei diesem Schauspieler keine Berührungsängste aus, und nie schlägt er einen falschen, überzogenen Ton an. Juhnke ist ein Archie Rice, der nicht aus den Höhen Goethes oder Shakespeares herabsteigt wie die blaublütigen Oliviers und Gründgens', er ist ein ordinärer Nobody, der es dann doch sehr gut – zu gut – versteht, sein Publikum, das imaginäre und das Publikum im Renaissance-Theater, mit schrecklichen Nummern zu unterhalten und mit rüder Konversation in der Familie zu erschrecken. Es scheint beinahe so, als würde er die Archie-Rice-Show aus dem Ärmel schütteln, und das kennt man auch von Juhnke: Die Dinge gehen ihm leicht von der Hand, zu leicht, und dann droht das ganze Unternehmen doch noch außer Kontrolle zu geraten.

Das beliebteste Motiv auf den Szenenfotos für die Vorberichte und Kritiken zeigt Archie Rice, wie er sich hinter einer Flasche versteckt. Juhnke hat die Falle gerochen. Deshalb geht er den Archie Rice und das Thema frontal an, ohne jedoch in hundertprozentiger Identifikation zu versinken. Ein teuflisches Dilemma: Er muß Juhnke sein, er bringt den Hintergrund der Rolle mit, und er muß den Harald Juhnke aus den Schlagzeilen vergessen machen, um Osborne gerecht zu werden.

Daher kommt es, daß Harald Juhnke als *Der Entertainer* fabelhaft dasteht, aber nicht brillant. Insgeheim tritt er immer wieder auf die Bremse. Der damals schon hochbetagte Friedrich Luft hat das in seiner Kritik genau erkannt: »Erst zum Schluß, wenn er wirklich vor dem totalen Nichts steht, wenn er in einem großen, sentimentalischen Abgang die Nichtigkeit seines ganzen leeren Lebens eingesteht – sonderbarerweise erst, wenn er dann die eigentliche Tragödie sichtbar macht –, dann gewinnt Juhnke wirklich Größe und Beteiligung. Mit dem ergreifenden Abgang erst spielt er die ganze komplizierte Wichtigkeit dieses Stückes.«

Luft hat den Archie Rice als »paradigmatische Bombenrolle« beschrieben. Und so war das ja auch für Juhnke. Und es war auch so, daß er nicht, wie vielleicht erwartet, voll auf dieser Rolle lag, sondern eine Handbreit – Sicherheitsabstand! – daneben stand. Das aber lag weniger am Hauptdarsteller als an der Regiekunst von Gerhard Klingenberg, der Texte und Schauspieler eher arrangiert als inszeniert. Klingenberg hat Juhnke bei weitem nicht das Letzte abverlangt, und mit diesem Regisseur, mit dem erstarkten Hauptdarsteller Juhnke, sollte nun eine ganze Reihe anspruchsvoller Produktionen am Renaissance-Theater folgen.

Doch mit dem *Entertainer* hat er gleich zu Beginn des neuen Engagements den Höhepunkt erreicht, wenngleich Gerhard Klingenberg es nicht vermochte, die Tragödie eines lächerlichen Charakters auf die Spitze zu treiben. Wie wäre es auch möglich gewesen? Denn es hätte Abend für Abend die Demontage des Stars bedeutet, um dessen willen das Publikum ins Renaissance-Theater strömte. Und den Abonnenten des Renaissance-Theaters konnte man damals bei den Tanznummern auch nicht mehr als nette Mädels in BH und Strapsen zumuten, keinen Reeperbahn- und Rotlicht-Stellungskrieg, was zeitgemäß gewesen wäre.

Außerdem zeigt die Erfahrung, daß das Publikum im allgemeinen nicht gut auf Backstage-Comedies zu sprechen ist. Der Regisseur Fred Berndt, der zur gleichen Zeit wie Klingenberg in Berlin am Düsseldorfer Schauspielhaus mit Uwe Friedrichsen den *Entertainer* gemacht hat, hatte einige Jahre zuvor an der Freien Volksbühne Berlin mit Wolfgang Deichsels Clownsstück *Zappzarapp* eine herbe, aber höchst ehrenvolle Niederlage einstecken müssen. Die Aufführung war mit Heinz Schubert, Fritz Lichtenhahn und Alexander Wagner glänzend besetzt, das alte Komödiepferdchen Curt Bois wirkte als guter Geist hinter den Kulissen. Doch die Kritik zog nicht mit, und es gab äußerst rüde Zuschauerreaktionen bei laufender Vorstellung. Fred Berndt und sein kleines tragikomisches Dream-Team hatten wissentlich eine Grundregel verletzt, die besagt, daß man stets einen letzten Rest von Illusion im Theater erhalten muß. Die drei Spaßmacher waren grandios in ihrer Schäbigkeit, und ein Großteil der Zuschauer hatte den Eindruck, nicht einer Aufführung, sondern einer intimen Theaterprobe beizuwohnen. Dafür wollen die wenigsten Leute Geld ausgeben. Einen ähnlichen Alptraum erlebte das Renaissance-Theater einige Zeit vor Klingenbergs Amtsantritt, als der Regisseur Henryk Baranowski das im Zirkusmilieu angesiedelte Melodram *Verliebte Narren* von Leonid Andrejew inszenierte – immerhin mit der bei den Klatsch- und Schmutzblättern beliebten Schauspielerin Ingrid van Bergen, die wegen der Tötung ihres Mannes im Gefängnis gesessen hatte.

Nicht nur Harald Juhnke tut sich schwer im Genre der herrlichen Komödien-Häßlichkeit. Aber nun will er Molière spielen, und das geht richtig schief. Der *Tartuffe* gerät zum Abriß einer biederen Boulevardklamotte zwischen Tisch und Bett. Juhnke spielt den Halsabschneider und Betrüger so, als wolle er vorführen, wie ein großer Schauspieler diesen berühmten Halsabschneider und Betrüger spielt. Niemand hilft ihm, niemand hat seiner Spielwut etwas entgegenzusetzen. Auch der zweite Versuch mit Molière am Renaissance-Theater mit dem *Geizigen* führt nicht viel weiter. Harpagon, der manische Geldsack, ist im Grunde zwar auch eine Suchtrolle, doch für Juhnkes Bedürfnisse vielleicht etwas zu einseitig. Er sehnt sich nach Figuren mit einem komplexen Krankheitsbild, nach Suchtstrukturen, denen ein unauflösbar verknotetes Bündel von Motiven zugrunde liegt – oder gar kein Motiv, allein das tödliche Geheimnis der menschlichen Existenz. Eines nimmt er doch mit von Molière. Wie der große französische Schauspieler und Dichter möchte auch Harald Juhnke auf der Bühne sterben. Und um diese Pointe breitzutreten, hat er sich für den Fotografen vom *Stern* im leeren Theater flach auf die Bretter gelegt, mit wirrem Haar und geschlossenen Augen. Das ist mal ein neues Motiv mit Juhnke, und es bringt eine Doppelseite. Und hat nicht Woody Allen gesagt, daß jeder Mensch, der ab dreißig nicht immerzu an den Tod denkt, ein Dummkopf sein muß?

Die Rolle des freundlich-grantigen Opas in Bob Larbeys Stück *Schon wieder Sonntag* reißt solche Abgründe nicht auf. Juhnke kann aber zeigen, daß er auch ein ganz uneitler Schauspieler ist, der viele Rollen spielt, auch die weniger spektakulären, wenn man ihn nur läßt. Wenn es sein Trieb, stets der Erste und der Beste zu sein, ihm gestattet.

Seine andere große Rolle am Renaissance-Theater nach dem *Entertainer* wird James Tyrone in Eugene O'Neills *Eines langen Tages Reise in die Nacht*. Premiere ist im März 1990. Es geht wieder ans Eingemachte. »Geboren aus frühem Schmerz, geschrieben mit Blut und Tränen«, so sah der amerikanische Dramatiker irischer Abstammung sein Schauspiel, und mit Rücksicht auf die autobiographischen Bezüge hatte er eine postume Uraufführung verfügt. Hier lockt, hier dräut wieder der direkte Vergleich, denn O'Neills Hauptfigur James Tyrone stammt aus der asozialen Familie der Theatermenschen; die Verwandtschaft mit Archie Rice ist kaum zu übersehen, und die Parallelen zur Biographie des Harald Juhnke sind es noch viel weniger: Tyrone ist Alkoholiker und Schauspieler, und wenn man ihm Glauben schenken kann, so stand ihm einmal eine glänzende Laufbahn als Shakespeare-Darsteller offen, ehe er sich, wegen der Familie und des schnellen Geldes und des Alkohols, dem kommerziell erfolgreichen, künstlerisch unerheblichen Tourneetheater ergab. Von Ibsen hat O'Neill seine Philosophie abgeleitet, daß der Mensch nur in der Illusion, niemals in der Wirklichkeit sein Glück behaupten könne. Im letzten Akt müssen die Masken fallen.

Der Kritiker Friedrich Luft hatte die Entwicklung des Theaters in Berlin nach dem Krieg lückenlos kommentiert. Er war die Eminenz, die Institution, von der sich Juhnke in besonderem Maße Anerkennung erhoffte. Denn Luft hatte ihn in all den Jahren als Boulevardschauspieler erlebt. Nichts würde Juhnke auf seinem neuen Weg so sehr bestätigen wie ein Lob von Friedrich Luft. Für seine Darstellung des James Tyrone bekam er es doch noch, bevor die *Stimme der Kritik* verstummte. Luft meinte: »Juhnke spielt das grandios. Wenn er seine große Lebensbeichte zu sprechen hat, hat er plötzlich eine wahrhafte Größe der Erniedrigung. Das spricht er wunderbar in aller Verhaltenheit.«

Die Beichte, niedergeschrieben von O'Neill zu Beginn der vierziger Jahre, klingt mittlerweile schon vertraut. Tyrone, den Kopf voll Whisky, legt los: »Diese verdammte Rolle, die ich damals angenommen habe, wegen eines Songs hauptsächlich, und mit der ich einen Riesenerfolg hatte – pekuniären Erfolg –, sie hat mich ruiniert, weil ich so leicht das Geld damit verdiente. Ich wollte nichts anderes mehr spielen, und als ich mich eines Tages umsah und merkte, daß ich ein Sklave dieser verdammten Rolle geworden war und es wieder in anderen Stücken versuchen wollte, war es zu spät. Sie hatten mich mit dieser einen Rolle identifiziert und wollten mich in nichts anderem mehr sehen. Ich hatte das große Talent, das ich einmal besessen hatte, verplempert ...«

Harald Juhnkes Schauspielerleben in zehn Zeilen!? Es gibt viele Juhnkes. Sie widersprechen einander, bekämpfen sich, wetteifern um die Gunst des Publikums. Es gibt nicht nur einen Juhnke, weil es auch nicht nur ein Publikum gibt. Aber Juhnke will sie alle bedienen, begeistern. Der Juhnke, der im Frühjahr 1990 am Renaissance-Theater Eugene O'Neill spielt, erreicht nach eigener Zielsetzung das Feuilleton mit einer äußerst disziplinierten schauspielerischen Leistung. Es ist aber auch wieder so wie in der Osborne-Aufführung. Juhnke läßt es an nichts fehlen, nur an der zündenden Inspiration. In den Rollen, nach denen er sich sehnt, wirkt er plötzlich überseriös – als müßte er in jedem Augenblick beweisen, daß der Zappelphilipp vom Dienst der Vergangenheit angehört. In den Renaissance-Theater-Jahren hat er sich Respekt erspielt, weil er sich in

Stücken ausprobierte, die viele ihm nicht zugetraut hatten. Freigespielt hat er sich nicht. Wovon sollte er sich ein für allemal befreien?

Er ist verrückt, er ist ein Schauspieler, und darum trinkt er. Darum auch ist der Patient unheilbar. So läßt sich die Argumentation der Ärzte in dem Fall zuspitzen. Wenn Spieltrieb und Geltungssucht einen durchs Leben hetzen, wie wäre dieser Mann davon zu befreien, da er doch Schauspieler ist? Was bliebe übrig, wenn er nicht mehr spielen könnte? Nun, die Frage hat er selbst beantwortet, oftmals ungefragt. Es wäre das Ende.

Auch der Spieler im Casino am Roulette, am Kartentisch gehört zu den Suchtnaturen. Er kann sich auf einen Schlag ruinieren. Er kann sich von schweren Verlusten erholen, und er beginnt von vorn, ad infinitum, wenn er irgendwie für Nachschub sorgen kann. So ist auch der Schauspieler ein Spieler. Er denkt schon an die nächste Runde. Und das neue Unglück. Für Archie Rice oder James Tyrone bringt er einen hohen Einsatz – aber es bleibt ein Spiel, selbst wenn dabei in literarisch idealisierter Form ein Stück vom eigenen Lebensweg aufgerissen wird. Immerzu zieht es den Süchtigen zum Showdown und zur Beichte. Doch hat sich seit den Tagen eines Eugene O'Neill das Drama von der Bühne in eine mediale Alltäglichkeit verlagert, in der die Intervalle des Sensationellen stetig zusammenschrumpfen. Derart ausgiebig beichtet ein Harald Juhnke in den Zeitungen, Zeitschriften und im Fernsehen, daß es an ein Wunder grenzt, wie er immer noch den langen Atem für einen Monolog von James Tyrone oder Archie Rice aufbringt. Im übrigen war dies Osbornes genialer Kunstgriff – wie er im *Entertainer* das Verschwinden des Theaters von der alten Bretterbühne demonstriert.

Es gibt noch einen anderen Grund dafür, daß Juhnkes schauspielerische Großtaten eine leise Enttäuschung hinterlassen und das unbestimmte Gefühl, es hätten doch wieder ein paar Zentimeter bis zur Unsterblichkeit gefehlt. Eigentlich sind es zwei Gründe. Zum einen wird von ihm zu viel erwartet, weil er ja selbst dazu neigt, die Latte über den Olymp zu hängen. Zum anderen hat er noch nicht die Partner gehabt, die großen Gegenspieler und die Regisseure, die ein Schauspielkünstler wie Juhnke verdient.

Am Renaissance-Theater überwog wieder das Mittelmaß, und der regieführende Intendant besaß die unwahrscheinliche Gabe, jedes Drama der Weltliteratur auf Readers-Digest-Niveau zu bringen und nach zweieinhalb Stunden inklusive Pause enden zu lassen. Denkt man an Juhnke und sein im deutschsprachigen Theater so seltenes schauspielerisches Entertainer-Talent, dann denkt man auch an Peter Zadek und sein Gespür für Show. Seine Lehrjahre hatte Zadek im britischen Theater absolviert, und ehe er zuletzt zu einem Tschechow-Regisseur von bestürzender Einfachheit und Schönheit geworden ist, hat er dem deutschen Publikum gelegentlich gezeigt, daß die Bezeichnung Boulevard eigentlich jedem Theater zur Ehre gereichen müßte.

Mit keinem einzigen bedeutenden Regisseur der Nachkriegszeit, auch mit keinem Regisseur der 68er-Generation, die manchen Akteur aus der Lethargie riß, hat Juhnke je gearbeitet. Es lag wohl lange Zeit nicht in seinem Blickfeld. Aber sie haben ihn auch nicht gefragt. Eine Zusammenarbeit mit Peter Stein, Claus Peymann, Klaus Michael Grüber wäre eine Absurdität gewesen. In den siebziger Jahren, da diese Regisseure mit einem festen Stamm von gleichgesinnten Schauspielern das deutsche Stadt- und Staatstheatersystem zu seiner möglicherweise letzten großen Blüte trieben, bastelte Juhnke an seiner Fernsehkarriere; für die Theater, die sich mächtig im Aufbruch wähnten, war er absolut uninteressant. Oder man sah ihn als Marionette einer phantasietötenden kleinbürgerlichen Unterhaltungskultur, was auch nicht gänzlich abwegig erscheint. Wenige kamen damals ohne ideologische Bastio-

»Alpenglühen«, am Schloßpark-Theater

nen aus, Peter Zadek zum Beispiel; aber der ist auch älter als die Kommunarden der Schaubühne und gehörte nicht eigentlich zu den 68ern, sondern zur Generation der Emigranten, die nach Deutschland zurückgekehrt sind.

Ein einziges Mal haben Peter Zadek und Harald Juhnke in einer Inszenierung zusammengearbeitet. Aber die Um-

»Alpenglühen«, am Schloßpark-Theater: mit Hannelore Hoger

stände waren derart abstrus, daß die Begegnung des Schauspielers Juhnke mit dem Regisseur Zadek noch immer aussteht.

Doppelte Ironie: Für das Stück *Ab jetzt* von Alan Ayckbourn will Zadek Juhnke verpflichten, ausgerechnet im Theater am Kurfürstendamm, wo Zadek zum ersten Mal inszeniert und Juhnke nicht wieder auftreten wollte. Zu der Zeit, Anfang 1989, ist er außerdem durch den Exklusivvertrag an das Renaissance-Theater gebunden, er hätte also an den Wölffer-Bühnen, selbst wenn dort plötzlich alles anders ist, weil Zadek ruft, gar nicht auftreten können. Das muß er auch nicht. Denn Zadek, der mit Ingrid Andree, Susanne Lothar und Otto Sander eine prächtige Besetzung an den Kurfürstendamm mitbringt, will bloß Juhnkes Kopf. Ein zynischer Theatercoup. Leibhaftig darf er nicht mitspielen in seinem alten Stammhaus, er ist für ein paar Minuten nur auf einem großen Videoschirm zu sehen, wenn Otto Sander mit einem alten Kumpel telefoniert. *Ab jetzt* spielt in einer finsteren, nicht so fernen Zukunft. Auf den Straßen toben Bandenkriege, niemand verläßt freiwillig das Haus, dafür ist das Bild-Telefon so groß wie die Hausbar.

So kam Harald Juhnke an den Kurfürstendamm zurück, den er wenige Monate zuvor für immer hinter sich gelassen hatte – als Video-Pausenclown im Zirkus Zadek. Und Zadek hat hier nie wieder inszeniert.

Fünf Jahre nach dem *Entertainer* beginnt das Spiel um die seriösen Jobs von vorn. Es ist auch wieder Zeit für ein paar Interviews, in denen Juhnke Bilanz zieht und über seine unmittelbar bevorstehende »Wandlung vom komischen Trinker zum Charakterschauspieler« spricht. »Jetzt wird es richtig ernst«, verkündet er im *Spiegel*: »Ich spiele nur noch Komödien mit Tiefgang.«

»Die Kohle«, sagt er, sei nun kein Argument mehr, und zum Thema Alkohol dies: »Ich suhle mich im Applaus, das ist für mich wie 35 Liter Champagner trinken.« Hauptsache, die Leute klatschen. Das ist ein wahres Wort, einem Journalisten spendiert, das beinahe eine ganze Autobiographie ersetzt.

Im Frühjahr 1993 spielt Harald Juhnke am Schloßpark-Theater, das er aus seinen Anfängerjahren kennt, in einem neuen Stück des Österreichers Peter Turrini. Es heißt *Alpenglühen*, und seine Partnerin ist Hannelore Hoger. Es ist ein reines Redestück, ein verbaler Liebesakt zwischen zwei alten, gestrandeten Menschen; eine optimistische Täuschung. Als wär's ein Stück von Thomas Beckett oder Samuel Bernhard: Der Mann ist blind, die Frau barmherzig. Und traurig ist es bei Turrini sowieso immer.

Ein blinder Seher, eine Kunstfigur von Kopf bis Fuß. Weit hat sich Juhnke diesmal vorgewagt, und es war Turrini selbst gewesen, der ihn gelockt hatte. Turrini liebt den Schauspieler Juhnke; und welcher andere zeitgenössische Dramatiker würde so etwas sagen? Turrini hat ihn den »Lustigsten unter den Traurigsten« genannt; und wo hat Juhnke jemals ein so wunderbares Kompliment bekommen? Rainald Goetz benutzt seinen Namen lediglich als Pop-Zitat in seiner antibürgerlichen *Krieg*-Trilogie, und »Harald« wird da wieder nur als Saufnase vorgeführt, im Verein mit »Bubi« (Scholz); die Stelle schrieb Goetz wörtlich aus der *Bild-Zeitung* ab; für Genie und Schwachsinn gibt es nun mal kein Copyright.

Turrinis *Alpenglühen* bringt für Juhnke eine besondere Erfahrung. Denn zum ersten Mal spielt er in einem ganz neuen Stück, wenngleich es sich bei Alfred Kirchners Inszenierung nicht um die Uraufführung handelt. Die hatte Turrini an Claus Peymann und das Wiener Burgtheater gegeben, mit dem Schauspieler-Paar Kirsten Dene und Traugott Buhre.

Juhnke hat wieder Pech. Kirchner, immerhin der Generalintendant der Staatlichen Schauspielbühnen Berlin, hängt hilflos in Turrinis Dialoggebirge und läßt seine Darsteller abstürzen. *Ach Harald*, lautet am Ende wieder der Tenor der Reaktionen. Respektabel hat er sich durch die Blindheit geschlagen. Und der Flop wurde abgehakt.

Im Juni desselben Jahres beschließt der Senat von Berlin in einer Nacht-und-Nebel-Aktion die Liquidierung von Schiller-Theater, Schiller-Theater-Werkstatt und Schloßpark-Theater. Zu dieser Zeit probt Juhnke im Theater am Kurfürstendamm mit Wolfgang Spier die *Sonny Boys* von Neil Simon; die wunderbare Geschichte von zwei ausgemusterten Komikern, Willie und Al, die fürs Fernsehen reaktiviert werden.

Kudamm-Autor Curth Flatow, ein Berliner Possen, der sich selbst gern als deutschen Neil Simon versteht, bekommt bald darauf Juhnkes dauerhafte Frustration über das Gefangensein im Boulevard zu spüren. Zornig, doch mit einer gewissen Berechtigung fragt der Schauspieler,

Die Sonny Boys Juhnke und Wolfgang Spier

als der 65. Geburtstag naht: »Warum soll ich Curth Flatow spielen, wenn ich Molière spielen kann? Mein großes Idol ist Minetti. Ich habe siebzig Filme gemacht, sechzig davon kannst du vergessen. Die flachen Klamotten von Flatow sind Schmuddelstücke.«

In den sechziger Jahren hatte sich besonders Harry Meyen um Simon, den »Napoleon des Boulevardtheaters«

Praxis Kurfürstendamm

(Theater heute), verdient gemacht. Inzwischen ist auch ein einstiger Kassenmagnet wie Neil Simon hierzulande unglücklich zwischen die Kategorien und Klischees gerutscht. Die Stücke, die von einer jüdischen Familie und dem Überleben nach dem Holocaust im amerikanischen Exil handeln, stoßen hierzulande auf geringe Gegenliebe. Nach dem Unterschied von Komödie und Drama gefragt, hat Neil Simon einmal definitiv geantwortet: »Ist das Leben eine Komödie oder ein Drama? Es ist beides. Und ich sehe keinen Grund, nicht beides in meine Stücke hineinzulegen.«

Ein Theatersterben, vielleicht auch eine notwendige Flurbereinigung hat nach der Vereinigung im Berliner Westen eingesetzt. 1992 muß die Freie Volksbühne ihren Schauspielbetrieb einstellen. Das Schiller-Theater verabschiedet sich nur ein Jahr später. In der Spielzeit 1996/97 geraten auch die Wölffer-Bühnen in Bedrängnis. Die Komödie beschränkt wegen steigender Kosten und stark rückläufiger Besucherzahlen ihren Spielbetrieb auf die Wochenenden. Am Kurfürstendamm gibt es nur noch ein erstklassiges Boulevardtheater – die Schaubühne. Als *Der Illusionist* von Sacha Guitry hat Gert Voss hier in der Regie von Luc Bondy Triumphe gefeiert, und Yasmina Rezas *Kunst*-Komödie in Felix Praders Inszenierung mit Udo Samel, Gerd Wameling und Peter Simonischek ist seit Jahren derart erfolgreich, daß keine Kunstanstrengung im Theaterlabor am Lehniner Platz dagegen anzukommen scheint. Und selbst in diesem Fall haben Kritiker die Nase gerümpft, da sie unerklärliche Phänomene wie Unterhaltung, Spieltrieb und Erfolg an einem Theater wie der Schaubühne offensichtlich für deplaziert halten.

Für Harald Juhnke stellt sich nun die Frage: Was spielen? Was wäre eine ihm angemessene Rolle aus dem klassischen Repertoire? Und da drängt sich eine Figur, ein Stück mit Macht auf – der Dorfrichter Adam, *Der zerbrochne Krug* von Heinrich von Kleist. Der Adam, ein Opportunist und Lügenbold und Ekel, erfüllt die gestiegenen Ansprüche, die Juhnke an eine Rolle stellt; an sich selbst, an sein Image. Dorfrichter Adam läßt sich, wie der Köpenick, als ein berlinisch-märkischer Charakter interpretieren. Er leidet unter alkoholbedingtem Gedächtnisschwund und später Liebe zu einem jungen Mädchen. Die Widersprüche, in die er sich in seinem Übereifer verwickelt, machen ihn zu einer Lustspielfigur mit tragischen Zügen – zu einer Charge von allerhöchstem Rang.

Es wäre das erste Mal, daß sich Juhnke einer Hauptrolle des klassischen deutschen Kanons stellte. Übrigens hat er eine kleine Partie im *Zerbrochnen Krug*, den jungen Ruprecht, schon einmal gespielt, 1954 im Theater am Kurfürstendamm. Ernst Schröder gab damals den Dorfrichter. Der Adam wäre Juhnke vielleicht nicht auf den Leib, aber gewiß aus der Seele geschrieben in seiner kreatürlichen Zerrissenheit.

NUMMER 7:

Der Trinker –
Konfrontation mit Fallada

> Wenn ich hüpfe, bin ich dann ein Frosch? Wenn ich nicht hüpfe, bin ich dann ein Frosch, der in diesem Augenblick gerade nicht hüpft?
>
> KEN CAMPBELL, MR. PILKS IRRENHAUS

Professor Kielholz war strikt dagegen. »Das dürfen Sie nicht spielen«, hatte er seinen Patienten gewarnt, wohl wissend, daß dies eine gewaltige Herausforderung bedeuten würde für den Schauspieler, der Hilfe sucht – Hilfe, die der Arzt ihm nicht geben kann. Wie oft war er zu ihm nach Basel in die Klinik gekommen, in welchem Zustand!

Die Frage, die hinter all den Gesprächen und Therapieversuchen stand, ist im Grunde rhetorischer Natur: Kann man einem kreativen Menschen, einem Künstler den Genuß von Rauschmitteln versagen, den Eintritt in die »künstlichen Paradiese«, wie es bei Charles Baudelaire heißt? Kielholz, so berichtet es Juhnke selbst, soll ihn einmal um sein Gehirn gebeten haben – »wenn Sie tot sind«. Der Arzt wollte nach dieser Anekdote Juhnkes »Chuzpe« sezieren. Und mit dem berühmten englischen Schauspieler und Lebemann Edmund Kean hat er ihn auch verglichen: »Er war wie Sie im Oberstübchen überbesetzt.« Jeder Vergleich trifft auf Juhnke zu, also keiner.

Der Philosoph und Dichter französischen Dandytums im 19. Jahrhundert sprach vom Haschisch. Der deutsche Volksschauspieler unserer Zeit denkt an Geld, Sex, Öffentlichkeit, Alkohol und Arbeit. Und da kann man die Frage noch einmal stellen: Gibt es Rollen, die ein psychisch

Wie im Leben: Premiere des »Trinkers«

labiler, vom Alkoholismus bedrohter Schauspieler nicht spielen darf? Die man ihm verbieten soll, in seinem eigenen Interesse? Oder liegt es nicht vielmehr in seinem Interesse, gerade solche Rollen zu übernehmen, deren suggestiver Kraft er sich auf Dauer ohnehin nicht entziehen kann?

Gibt es Möglichkeiten des Entzugs, wenn die Droge hohen literarischen und schauspielerischen Wert besitzt, wie bei Falladas *Trinker*?
Die größte Gefahr für jemanden wie Harald Juhnke liegt im Nicht-Spielen. Kaum weniger schädlich ist es, wenn er, wie über lange Zeiträume geschehen, sein Talent vernachlässigt und sich in einem Alter, das für bürgerliche Berufe die Ruhestandsgrenze markiert, immer noch auf Rollenklischees und Routine einläßt.
Der Trinker von Hans Fallada gehört zu jenen Stoffen, für die Juhnke sich reif fühlt, seit langem. Im Sommer 1995 beginnen die Dreharbeiten, und Professor Kielholz wird den Ausgang dieses Experiments nicht mehr verfolgen können. Sein Patient, der Schauspieler, hat ihn überlebt. *Der Trinker* fällt nicht vom Himmel. Er hat eine respektable Vorgeschichte.
Plötzlich bekommt Harald Juhnke auch im Kino und im Fernsehen bessere Rollen, die seinem alten Image als Zappel-Komiker in Fünf-Minuten-Sketchen zuwiderlaufen, nachdem er im Theater längst Charakter bewiesen hat. Juhnke erwacht zu neuem Leben. 1992 spielt er in dem Film *Der Papagei* einen Straßenverkäufer, der zur Polit-Marionette einer rechtsradikalen Gruppierung aufgebaut wird. Es folgten 1993 die *Hallo Sisters* mit Ilse Werner und Gisela May. Juhnke spielte den Manager eines alten Schlagerduos, das ein Comeback versucht. Im gleichen Jahr war er mit der Komödie *Alles auf Anfang* in den Kinos – Juhnke als alter Berliner Filmproduzent, der seine Firma verliert und seine untreue Gattin, gespielt von Christiane Hörbiger, wiedergewinnt; hier war auch Katharina Thalbach mit von der Partie, die Juhnke später für den *Hauptmann von Köpenick* ans Theater holt.

Einen Höhepunkt seiner Filmarbeit erreicht er 1992. Plötzlich steht Juhnke mit der ersten Reihe deutscher Schauspieler vor der Kamera, Götz George, Uwe Ochsenknecht, Ulrich Mühe, Martin Benrath, und es handelt sich – welche Ironie! – um ein Medienthema: *Schtonk*. Harald Juhnke ist an einer der schönsten und erfolgreichsten Komödien seit der Nachkriegszeit beteiligt, die zudem den unschätzbaren Vorteil besitzt, auf einer wahren, wenngleich unglaublichen Begebenheit zu basieren – der Veröffentlichung gefälschter Hitler-Tagebücher durch den *Stern*. Juhnke spielt einen Ressortleiter des Magazins, das durch seinen grob fahrlässigen Scheckbuchjournalismus weltweit in die Schlagzeilen geriet. In der *Quick* hat Juhnke seinen *Stern*-Redakteur als jemanden beschrieben, der einen Reporter erst aufbaut, dann eiskalt fallenläßt, als alles schiefläuft. »Eine Drecksau ist das, ein Charakterschwein.«

Einige Jahre später sollte Juhnke selbst eine *Hitler-Affäre* erleben, und der *Stern* sollte ihm, dem wegen Vollrauschs schuldunfähigen Übeltäter und zugleich Opfer einer bigotten Distanzierungskampagne, sogleich den Rücken stärken. Der Skandal um die »Hitler-Tagebücher« des *Stern* und der skandalös fahrlässige Umgang der Mehrzahl deutscher Medien mit Juhnkes vermeintlichen Hitler-Sprüchen weisen eine Parallele auf: In beiden Fällen wurde der Name Hitler als auflagensteigerndes Wundermittel benutzt, in beiden Fällen auf Kosten journalistischer Moral, die zumindest noch in den achtziger Jahren, vor der Veröffentlichung der Pseudo-Führerzeugnisse, als eine beachtenswerte Größe galt. Schlagzeilen mit Hitler funktionieren anscheinend ebensogut wie Sex-Titel. Hitler ist die denkbar größte negative Bezugsfigur.

Regisseur Helmut Dietl besitzt ein hierzulande seltenes Gespür für Gesellschaftskomödie. Für Harald Juhnke ist er der ideale Partner. Dietl hat ihm bedeutet, er sei in Vorabendserien wie *Drei Damen von Grill* unter Wert verkauft und überhaupt einer der größten deutschen Schauspieler. Das muß Juhnke immer wieder hören, das ist eine Obsession, den ganzen alten albernen »Scheißdreck«, wie er sich ausdrückt, loszuwerden. Dietl und sein Drehbuch-autor Patrick Süskind haben sich zudem als fabulöse Medienkenner ausgewiesen, und das verbindet sie mit Juhnke. Ihre Fernsehserie *Kir Royal* über den Münchner Klatschreporter Baby Schimmerlos, gespielt von Franz Xaver Kroetz, dem Dramatiker, hat für den genußvollen, souveränen Umgang mit der boulevardesken High Society Maßstäbe gesetzt, die wiederum nur ein Harald Juhnke zu überbieten in der Lage ist; als prominentes Schlagzeilenobjekt und als Darsteller in Personalunion. Bei Dietl, Süskind und Juhnke löst sich dann auch der seltsame Widerspruch von Boulevard und Charakterfach in Wohlgefallen auf; ein Dietl-Film mit dem Hauptakteur Juhnke bietet sich für die Zukunft an, wobei Berlin (Harald Juhnke) eine ganz andere Welt ist als München *(Rossini)* oder Hamburg *(Schtonk)*.

Wenn Juhnke ein großes neues Projekt angeht, sind Rituale einzuhalten. Die Verständigung mit der Presse ist unumgänglich. Der *taz*, die den Unfug mit dem »ernsten Fach« nachbetet wie alle anderen Zeitungen, erklärt er dann gleich auch, was ihm sonst so vorschwebt. Zum Beispiel stellt er sich vor, wie aufregend es wäre, wenn Juhnke Axel Cäsar Springer vor der Kamera verkörperte. Schließlich hat er den Verleger persönlich gut gekannt, und die Blätter aus dem Springer-Verlag genießen bei ihm stets das *ius primae noctis*, das Recht auf exklusiven Vorabdruck der neuesten Juhnke-Stories. Das Gespräch mit der *taz* offenbart aber auch Juhnkes chronische Angst, den älteren Teil seines Publikums zu verprellen mit »finsteren pessimistischen« Rollen. Da gibt er nun zu, daß er sich erst in dem Moment an solche Auftritte herangewagt habe, als die Gunst des Publikums unerschütterlich schien, erprobt durch unzählbare Affären und Skandalgeschichten.

Den Roman von Hans Fallada kennt er bereits seit Mitte der achtziger Jahre, und so lange hat ihn das Projekt beschäftigt. Als Realisator fanden sich schließlich der Westdeutsche Rundfunk und dessen Fernsehspielchef Martin

Mit Götz George in »Schtonk«

Wiebel. Der verdiente Fernsehmann Wiebel, der auch Rainer Werner Fassbinders Serie *Berlin Alexanderplatz* nach Alfred Döblin produziert hat, kam ursprünglich vom Theater, war von 1966 bis 1970 Dramaturg an der Freien Volksbühne Berlin gewesen, als Harald Juhnke dort auch einmal auf der Bühne stand, unter anderem als Clown *August, August, August* von Pavel Kohout. Wiebel stammt übrigens wie Juhnke aus Berlin-Wedding.

»Juhnke, der Trinker, spielt den *Trinker*, das gibt eine schöne Einschaltquote. Dabei spiele ich ja hier eine Figur, ich spiele ja nicht mich, aber das ist egal, ich kenne mich in dieser Krankheit aus.« So rückt der Hauptdarsteller die Verhältnisse zurecht. Und gern hört er die Stelle an, in der Fallada seinen Protagonisten, den Kaufmann Erwin Sommer, mit dem Vokabular der Bühne beschreibt: »Er schaut sich mit einem Staunen zu, mit einer fast ängstlichen Betretenheit, wie man vielleicht einem Schauspieler zuschaut, der eine sehr gewagte Rolle übernommen hat, von der er ganz und gar nicht sicher ist, daß er sie auch überzeugend zu Ende spielen kann.« Und dann fühle sich die Fallada-Figur beinahe wie Maurice Chevalier, fügt Juhnke noch hinzu.

Schon bei Hans Fallada, der mit bürgerlichem Namen Rudolf Ditzen hieß, ist die Versuchung, die Romanhandlung mit der Biographie des Schriftstellers gleichzusetzen, ungeheuer groß. Fallada durchlief eine katastrophale Drogen- und Alkoholkarriere, teils ausgelöst, teils befördert durch sein Bemühen, als Autor in Nazi-Deutschland zu überleben und publiziert zu werden. Ditzen hat nicht nur sich allein, sondern auch seine Familie mit der Sucht gequält und in den Ruin getrieben. 1947 starb er in Berlin an Herzversagen, kaum über fünfzig Jahre alt. *Der Trinker* wurde erst postum veröffentlicht, und der Fallada-Biograph Tom Crepon vertritt die Ansicht, der Roman sei anfangs bei einem großen Teil des Publikums auf »Unverständnis und Ablehnung« gestoßen.

Die Entstehung des Buchs läßt an Dramatik nichts zu wünschen übrig, ist seinem Inhalt ebenbürtig. Hans Fallada donnerte im September 1944 das Manuskript – es umfaßt in der geläufigen Taschenbuchausgabe über zweihundert Seiten, eng bedruckte – binnen zwei Wochen aufs Papier. Er schrieb mit der Hand, bei schlechter Beleuchtung. Er saß damals in der mecklenburgischen Landesanstalt Strelitz, im psychiatrischen Knast, nachdem er seine Frau mit einem Gewehr in Lebensgefahr gebracht hatte.

Der Anstaltsleitung ringt Fallada die Erlaubnis ab, arbeiten zu dürfen, sowie Schreibmaterial. Er schreibt unter strenger Aufsicht, seine Blätter werden kontrolliert. Doch den Wärtern entgeht das Entscheidende: In winzig kleinen, unentzifferbaren Buchstaben bringt Fallada nicht, wie er offiziell angibt, einen Hetzroman über den Unter-

gang einer jüdischen Bankiersfamilie zu Ende – das Manuskript wird nach dem Krieg vernichtet –, sondern er schreibt eine kaum verschlüsselte Parabel seiner eigenen Leidensgeschichte. Auch im Roman schießt der Mann auf seine Frau. Auch im Roman wird die Ehe geschieden. Auch im Roman geht der Alkoholiker elend zugrunde, gaukelt sich Glückzustände vor »mit allen Frühlingen und allen Rosen und den jungen Mädchen von eh und je« und mit seiner *reine d'alcool*, seiner »duftenden, alle Sinne berauschenden Königin Alkohol, die ihn zu sich hinaufzieht, und wir werden entschweben, in Rausch und Vergessen, aus denen es nie ein Erwachen gibt«.
Als Parabel auf die Nazi-Zeit läßt sich *Der Trinker* lesen, als eine Geschichte von Verblendung, unentrinnbarer Gefangenschaft, von der Flucht in den Rausch und den Selbstmord. Der Film, in dem Harald Juhnke *Der Trinker* ist, versetzt die grundsätzlich beibehaltene Handlung in ein ganz anderes Milieu. Drehbuch-Autor Ulrich Plenzdorf läßt Falladas Erwin Sommer eines Tages in der ehemaligen DDR aufwachen, es ist die Zeit unmittelbar nach der Wende. Es herrscht Goldgräberstimmung in Ostdeutschland – und Depression. Im Lebensmittelgeschäft zieht Erwin Sommer den kürzeren gegenüber der neuen Konkurrenz, einer süddeutschen Ladenkette. Damit wird sein Alkoholismus auch wieder politisch-ökonomisch motiviert; wenn es denn einen besonderen Grund braucht für einen, der beschließt, sich totzusaufen, gleich in welchem politischen System, gleich unter welchen sozialen Umständen.
Eine interessante Bemerkung macht Erwin Sommers Ehefrau Magda in dem Film. Sie kann nicht verstehen, daß ihr Mann wieder mit dem Trinken beginnt, da es jetzt doch richtig losgehe. In der Marktwirtschaft, im vereinten Deutschland, meint sie und äußert noch einmal Verständnis dafür, daß damals, also zu DDR-Zeiten, einer mit der Flasche in Konflikt geraten konnte. Trinken, solange die Zeiten schlecht sind: Das ist die Logik der Nüch-

tern. Im übrigen gehören die Deutschen, pro Kopf und reinen Alkohol gerechnet, zu den Spitzenverbrauchern auf der ganzen Welt. Sie bringen es im Schnitt auf dreizehn Liter im Jahr. *Der Trinker* von Fallada muß in vielfacher Hinsicht als ein deutsches Buch gelesen werden.

Drehort ist die märkische Stadt Neuruppin, Geburtsort von Fontane und Schinkel und berühmt für die Neuruppiner Bilderbogen, eine bis zu Beginn des 20. Jahrhunderts noch populäre Form von Druckgraphik, die in millionenfacher Verbreitung als Vorläufer der Boulevardpresse gelten kann. Die Bilderbogen, deren Produktionszentrum in Neuruppin lag, hatten unterhaltsamen, informativen, indoktrinierenden Charakter. Neuruppin kam in die Schlagzeilen, als dort ein PDS-Politiker zum Bürgermeister gewählt wurde. Doch unvergleichlich größer war der Rummel bei den Dreharbeiten für den *Trinker*. Um die schlimmsten Auswüchse zu verhindern, hat der WDR gleich selbst die Journalisten eingeladen; die Produktion wollte kein Verstecken spielen und spannte im übrigen die Reporter- und Fotografen-Garde für ihre Zwecke ein. Solange Juhnke in den Drehpausen mit den Journalisten redete, war er beschäftigt und geriet nicht auf Abwege. Auch dem Magazin der *Süddeutschen Zeitung* hat er in der *Trinker*-Zeit ein Interview genehmigt. Juhnke ist in dieser Hinsicht mit einem Politiker zu vergleichen; gewisse Medien mag er bevorzugen, doch alle kommen einmal dran. Für die *Süddeutsche Zeitung* spielt er die Fallada-Rolle durch: »Ich habe immer versucht, aus der Scheiße noch das Beste zu machen. Ich bin Alkoholiker, und das ist eine Krankheit.« Und: »Ich habe mich exhibitioniert, und zwar radikal bis an den Rand der Selbstzerstörung.« Und: »Man muß ganz unten gewesen sein, um Menschen darzustellen, die ganz unten sind.«

Wie man einen Alkoholiker darstellt, darüber hat Juhnke eine klare Vorstellung. Die meisten Schauspieler machen da viel zuviel, sie spielen demnach keinen Suchtkranken,

In Falladas »Trinker«, 1995

sondern einen Betrunkenen. Und das ist ein profunder Unterschied. Ein Betrunkener lallt, torkelt, benimmt sich lächerlich. Bei einem Alkoholiker ist ein solches Verhalten nicht anzutreffen.

Damit ist es Juhnke jetzt ernst. Er will die Krankheit spielen. Den Verfall. Den Untergang. Von mehreren Seiten wird sein Ehrgeiz befeuert. Wieder muß er sich als ernsthafter Schauspieler beweisen, wobei die Kombination Juhnke/*Der Trinker* wegen der jahre- und jahrzehntealten Alkoholpropaganda die Betrachtung dieses Schauspielers in dieser Rolle durchaus erschwert. Er wird außerdem an Fallada gemessen werden und mehr noch an seinem eigenen Anspruch.

Wie spielt Harald Juhnke den *Trinker*? Man sieht ihn im Umkreis erfahrener Schauspieler, die in der Mehrzahl

Mit Fernsehregisseur Tom Toelle

vom Deutschen Theater Berlin kommen und zu den Stars der Defa gehörten; neue Fernsehgesichter sind das, jedenfalls für den Westen: Jutta Wachowiak spielt Magda Sommer, Eberhard Esche den Hausarzt, Christian Grashof den Zimmerwirt, Dietrich Körner den Anstaltsleiter, und Deborah Kaufmann ist das süße Mädel aus der Bahnhofskneipe, wo keine Züge mehr durchkommen, die *reine d'alcool*, die Königin des Korn, wie Erwin Sommer seine Angebetete hier nennt. Juhnkes Partner sind solide besetzt, aber es zeigt sich, daß sie in dem Film eher das Plenzdorfsche, auf die Ex-DDR ausgerichtete Drehbuch bedienen als die Fallstudie eines unrettbar kranken Alkoholikers. Und Juhnke? Ihm gelingt die Darstellung dieses zutiefst bürgerlichen, introvertierten, ja scheuen Menschen namens Sommer überzeugend. Ein freundlicher mittelalter Herr, mit Hut und Mantel, der jeden grüßt, dem er auf der Straße begegnet. Juhnke hat zugegeben, daß Tom Toelle, ein erfahrener Fernsehregisseur, ihm die Entertainer-Gewohnheiten austreiben mußte; zu locker-ausschwingend war sein Gang, zu selbstbewußt und leicht kokett die Gestik des ganzen Kerls zunächst. Juhnke ist professionell genug, solche Kritik umzusetzen. Dann aber läuft er Gefahr, sich in der Gegenbewegung allzu stark zurückzunehmen. Dasselbe Phänomen ist in bestimmten Partien auf dem Theater zu beobachten; Juhnke bremst sich selbst aus, weil er ein anderer sein will als der ewige Showfreak.

Der Trinker ist ein Fernsehfilm, kein Kino. Es geht um Leben und Tod, und dabei geht das Team Kompromisse ein, die im Fernsehen vermutlich unausweichlich sind. Nur in einigen wenigen Szenen springt einen das nackte Elend des Selbstmörders Erwin Sommer an, der, weil er alles verliert, das Geschäft, den emotionalen Halt, den Glauben an sich selbst, schließlich auch seine Frau, im Grunde kompromißlos den Weg in den Abgrund beschreitet. Eine solche starke Szene ist Erwin Sommers Heimkehr nach der ersten Sauftour. Es ist der Moment, da seine Frau die tödliche Bedrohung erkennt. Juhnke spielt den Berauschten mit einer triumphalen Ruhe, verzückt-entrückt. Er zeigt, daß nichts und niemand diesen Menschen von seinem Weg abbringen kann. Seine Worte bekommen eine bedrohliche Prägnanz: »Du glaubst gar nicht, wie schön es ist, sich fallen zu lassen ins Nichts, immer tiefer ins Nichts.«

Juhnke hat im *Trinker* viel riskiert. Er war bereit, einen Alkoholiker in der Gosse zu zeigen, und einmal haben Regie und Drehbuch sich nicht dazwischengestellt. Es ist die Szene in dem dreckigen Hotel, als Erwin Sommers Organismus streikt. Er würgt über dem Waschbecken, er kotzt. Sein Körper verweigert die Alkoholaufnahme. Sommer kotzt, um weitersaufen zu können. Doch der Magen quittiert den Dienst. Sommer ist an einem kritischen Punkt angelangt. Er kann nicht soviel saufen, wie er will und muß. Der unmenschliche Zwang, die Schnapsflasche zu töten, verursacht Schluckhemmung und vorübergehenden Ekel. Es ist nur diese eine Szene, in der Juhnke in seinem Darstellungsdrang bis an die Grenze des Erträglichen geht.

Dem Film im ganzen fehlt die Härte. Die Erzählung von ostdeutscher Ökonomie, von rücksichtslosem Vereinigungskapitalismus lenkt ab von der Katastrophe des *Trinkers*. Das Drehbuch hat Falladas inneren Monolog – die für den Alkoholiker so charakteristische Selbstkasteiung, Rechtfertigungsstrategie und Sentimentalität – ausgeblendet. Eine kleine Anspielung auf das Image des Hauptdarstellers erlaubt sich Plenzdorf. Den Anstaltsleiter läßt er Sommer mit dem Sarkasmus eines Patriarchen loben: »Du warst unser Starpatient und auch unser Star auf der Bühne.« Das Spiel der Geisteskranken, mit dem *Trinker* in Clownsmaske, bekommt man jedoch nicht zu sehen; nur den schwarz geschminkten Clown. Das war Juhnkes Idee: den Sommer zu maskieren, weil ihm der Spelunkenwirt in einem Streit um die Rechnung für Schnaps und Logis die Nasenspitze abgebissen hat. Auch Sommer legt, wie sein Darsteller, größten Wert auf eine gepflegte Erscheinung.

Erwin Sommers Tod kommt in dem Film plötzlich, und da schiebt sich mit einem Mal auch wieder die Figur Juhnke vor die Rolle, wenn er in der Anstalt rückfällig wird und auf dem Flur lang hinschlägt, nach dem Genuß von Äthylalkohol aus dem Arztzimmer. Seine Frau hat ihm eröffnet, sie wolle sich mit dem Konkurrenten aus Westdeutschland zusammentun, geschäftlich und privat. In der mißglückten Schlußszene stirbt nicht Erwin Sommer, sondern es ist Harald Juhnke, der ein theatralisches Ende markiert.

Doch Juhnke hat sein Ziel erreicht. Man nimmt ihn ernst, und er hat auch mit einer alles andere als glamourösen Rolle Erfolg. Und doch bleibt wieder die Frage unbeantwortet, ob er nicht noch mehr zeigen könnte, wenn man ihn nur dazu bewegen wollte und es zuließe. Ihm ist,

Mit Martin Wiebel, Fernsehspielchef des WDR

»als wenn da ein Kollege spielt«, als er den fertiggestellten Film zu Gesicht bekommt.

Rudolf Ditzen alias Hans Fallada und Harald Juhnke wirken in gewisser Weise wie Antipoden. Ditzen kam aus einem großbürgerlichen Elternhaus; sein Vater Wilhelm Ditzen, ein Schulfreund des Reichskanzlers Bethmann Hollweg, war auf dem Höhepunkt seiner juristischen Laufbahn Reichsgerichtsrat in Leipzig. Und der junge Ditzen begab sich in strikte Opposition gegen die wilhelminisch geprägte Zucht und Ordnung. Seine Romanhelden sollten jenem Milieu entstammen, das in den ökonomischen Verwerfungen der zwanziger Jahre sozial entwurzelt wurde.

Die Titel seiner Bücher entwickelten sich zum geflügelten Wort; *Kleiner Mann – was nun?*, *Ein Mann will nach oben*, *Wer einmal aus dem Blechnapf frißt*, und ein Jahr vor seinem Tod entstand *Jeder stirbt für sich allein*. Fallada hat das Milieu beschrieben, in dem Harry Juhnke im Wedding aufwuchs. Juhnkes Vorliebe für Fallada kommt also nicht von ungefähr. *Ein Mann will nach oben*, das versteht er sehr gut. Nach der Maxime hat er sein Leben eingerichtet.

Auf dem Pankower Friedhof hielt Johannes R. Becher, der Dichter und spätere Kulturminister der DDR, die Grabrede für den Schriftsteller Fallada: »Er verfügte über die breiteste Skala menschlicher Empfindung. Nichts Menschliches, nichts Unmenschliches ist ihm fremd geblieben. Die verborgensten Gefühle schlug er an, und nichts Unbewußtes fehlte auf seiner Tastatur, und das Außergewöhnliche und Problematische wußte er verständlich und zugänglich zu machen in einer schlichten, volkstümlichen Sprache. Seine Liebe aber galt dem einfachen Leben und den kleinen Leuten.« All das kann man guten Gewissens auch von Harald Juhnke behaupten, zu Lebzeiten.

Zuletzt sprach Becher den toten Freund an: »Allzu vieler kleiner Tode bist du gestorben, bis über dich, von all diesem künstlichen Sterben ermüdet, der große unwiderrufliche Tod kam. Ein vorzeitig gebrochenes Herz ging auf die ewige Reise.«

Und wieder lockt ein Vergleich. In einer amerikanischen Zeitschrift wurde *Der Trinker* Harald Juhnke als »deutscher Walter Matthau« identifiziert. Wann aber wären Juhnkes Vorbilder, Sinatra ausgenommen, mehr als ein vorüberziehender Spuk gewesen? Wann kann er sich einmal von all den Projektionen befreien?

NUMMER 8:

My Way – Der ewige Sinatra

> Wir Deutschen sind im Ertragen von Langeweile ungemein stark und äußerst abgehärtet gegen Humorlosigkeit. Natürlich kommt ein ausgesprochener Sinn für Mittelmäßiges dem deutschen Theater sehr zugute. Ein Theater ist ein Unternehmen, das Abendunterhaltung verkauft. Aber damit ist im Grunde niemand zufrieden bei uns.
>
> BERTOLT BRECHT

Es gibt das Vorurteil, Schauspieler seien beschränkt und unpolitisch. Darin steckt die Wahrheit, daß Schauspieler sich in einer Welt bewegen, die – ähnlich dem politischen Milieu – ihren eigenen, exklusiven Gesetzen folgt. Schauspieler genießen auf der Bühne im idealen Fall die Immunität des Phantastischen. Interessanter als die Abgrenzung erscheint allemal der Vergleich, sogar die Parallele. Da tritt die Phantasie zurück, die Einschätzung wird pragmatischer. Wie der Politiker, so verkauft auch der Schauspieler eine Geschichte, die nicht unbedingt seine Geschichte ist und ihrerseits einen Kompromiß darstellt, künstlerisch, intellektuell, ökonomisch.

In der alten Bundesrepublik gab es eine auffällige Distanz von Kunst und Macht. Das hat sich in der Bewegung von 1968 und ihren Nachwehen vorübergehend zu offener Konfrontation ausgewachsen; gutes Theater war linkes Theater. Die ideologischen Ausläufer der legendären Aufbruchszeit beeinflussen nach wie vor die theaterpolitische Großwetterlage.

In der Hauptstadt Berlin, die sich seit eh und je als Theater- und Filmmetropole versteht, wird sich dieses Verhältnis eines Tages mit Sicherheit anders gestalten. Die Kultur wird stärker und häufiger zu repräsentativen Zwecken herangezogen werden. Die Bühnen werden sich neu zu positionieren haben, dann vis-à-vis dem Staats-Theater. Kunst und Kommerz galten über lange Zeit – in ökonomisch entspannten Verhältnissen – als unverträglich. Aber die Unterhaltung gewinnt an Boden. Wenn sich die neuformierte Branche nicht verspekuliert, dürfte es nach der Jahrtausendwende in Berlin zwei bis drei großformatige Musicalbühnen geben.

Bei Harald Juhnke hat sich, wie so oft, die Sache längst zugespitzt. Niemals geriet er auch nur in die Nähe irgendeiner kulturellen Neuorientierung oder Bewegung. Er *verkauft* sich, und was er verkauft, ist immer Juhnke – oder es sieht Juhnke täuschend ähnlich. *Oft kopiert und nie erreicht* – man kann diesen Spruch, der ursprünglich als Kompliment gedacht war, auf den multiplen Selbstdarsteller anwenden. Denn da läuft einer seiner eigenen, imaginierten Größe hinterher, ähnlich wie ein Kandidat für ein hohes politisches Amt. Da er nicht nur als Schauspieler auftritt, sondern massiv als Showstar. Da ihm im Grunde jeder Auftritt in eine Demonstration abzugleiten droht. Da in den Medien die Grenzen zwischen Politik und Entertainment längst verwischt sind.

Wenn Michael Douglas in einem Hollywood-Film einen Präsidenten spielt, der sich in eine Umweltschützerin verliebt, dann ist das nicht Satire oder Science-fiction, sondern eine Art Parallel-Realität. Und was ist am Ende der Unterschied zwischen einem US-Präsidenten Bill Clinton, der für die Fernsehkameras Saxophon spielt, und einem B-Picture-Helden Ronald Reagan, der die Rolle des mächtigsten Mannes der Welt einnimmt?

Explizit politische oder Politik-nahe Filmstoffe gehören hierzulande zu den Raritäten. Eine Ausnahme ist *Der Papagei*. Ralf Huettners Film geht von einer verblüffend einfachen Frage aus. Sie lautet: Wer ist der Bekannteste im ganzen Land?

Die Antwort heißt Juhnke.

Juhnke führt in diesem nicht genug beachteten Film vor, was Popularität bewirken kann. Die Filmproduktion hatte Bürger einer deutschen Kleinstadt zu Dreharbeiten mit Juhnke eingeladen; preiswerte Statisterie. In dem Versammlungsraum gab Juhnke nun aber kein Konzert, sondern hielt eine hanebüchene politische Rede. Und nachher, so erzählt es der vermeintliche Spitzenkandidat der fiktiven neuen rechtsradikalen Splitterpartei selbst, gab es Anfragen, wie man Mitglied werden könnte in dem Juhnkeschen Wahlverein: So hatten manche es verstanden. Der Clou des Drehbuchs liegt auch darin, daß Juhnke, der hier einen Straßenverkäufer spielt, einen Alt-Nazi vom Parteivorsitz verdrängt, weil dieser als rhetorische Null gilt. Das heißt im Umkehrschluß: Einem Harald Juhnke glaubt man alles, weil er so berühmt ist. Und weil die Medien ihn immerzu zitieren. Mit dem *Papagei* hat Juhnke sich wieder einmal ein bißchen Respekt verschafft; als kritisch denkender Schauspieler, oder drastisch ausgedrückt: als Schauspieler, der nicht nur Mist spielt, wenn man ihm nur vernünftige Rollen anbietet. Bei einer Podiumsdiskussion mit dem CDU-Rechtsaußen Heinrich Lummer und der Brandenburgischen Sozialministerin Regine Hildebrandt von der SPD in einem Berliner Kino zeigte sich der Hauptdarsteller angetrunken-aggressiv und verließ, nachdem der »Papagei« etliche Male wiederholt hatte, er sei gegen Rechts, vorzeitig den Saal.

Natürlich redet Juhnke öffentlich über Politik, und er läßt sich einspannen. Und natürlich ist die Frage erlaubt, worüber er eigentlich *nicht* redet, dieser Schauspieler, der so viele Interviews gibt wie ein Bundeskanzler und sämtliche Minister zusammengenommen.

Gerhard Schröder zum Beispiel findet er gut. Den niedersächsischen Ministerpräsidenten und SPD-Spitzenpolitiker hat er zur *Hauptmann-von-Köpenick*-Premiere ins Maxim-Gorki-Theater eingeladen (Schröder kam nicht), und 1980 hat er für Helmut Schmidt Wahlkampf gemacht.

Schmidt und Schröder sind ähnliche Macher-Macho-Typen und vielleicht nur zufällig in der SPD. Juhnkes Schwärmerei für diese beiden bedeutet nicht, daß er auf einen bestimmten Politikertypus eingeschworen oder gar sozialdemokratisch orientiert wäre. 1989 zum Beispiel hat er sich bei den Wahlen zum Berliner Abgeordnetenhaus für den Spitzenkandidaten der CDU, Eberhard Diepgen, eingesetzt, um sich bei der nächsten Wahl wieder dem SPD-Mann Walter Momper zuzuwenden. 1988 hatte er in einem Gespräch mit dem Stadtmagazin TIP gesagt: »Ich bin ein Grüner.« Und er hatte erzählt, wie er einmal in den heißen West-Berliner Zeiten in ein besetztes Haus gegangen war: »Die haben mir eine Büchse Bier angeboten, und da haben wir gesessen und geredet.«

Juhnke hat sich stets als Botschafter seine Heimatstadt gesehen, und er sprach sich in der Hauptstadtdiskussion nach der Wende auch für Berlin aus. Die Geschichte, daß Harald Juhnke selbst einmal zu Mauerzeiten Ambitionen gehabt hätte, Regierender Bürgermeister von Berlin zu werden, beruht allerdings auf einem betrunkenen Gerede, das in der Boulevardpresse genüßlich mißverstanden und breitgetreten wurde. Etwas anders lagen die Dinge bei Juhnkes Techtelmechtel mit Franz-Josef Strauß. Schröder und Schmidt, Diepgen und Strauß und die West-Berliner Alternativen: Damit hat Juhnke das gesamte Spektrum der politischen Parteien irgendwann einmal im Vorübergehen abgedeckt.

Folgendes geschah im Juni 1981, als Millionen Fernsehzuschauer Zeugen waren:

In der Talkshow *Heut abend* mit Joachim Fuchsberger ist der österreichische Budenzauberer André Heller zu Gast. Auch Harald Juhnke wird erwartet. Er spielt am Bayerischen Staatsschauspiel *Happy End* und probiert ein neues Stück, den *Snob* von Carl Sternheim. Derweil läuft auch wieder eine alte Juhnke-Nummer. Er trinkt. Er besäuft sich an diesem Nachmittag nach einer angespannten Theaterprobe im Hotel Vier Jahreszeiten. Als er im Fernsehstudio ankommt, steht er mächtig unter Strom. Er begibt sich in die Maske und trinkt weiter. Der Maskenbildner ist ein alter Bekannter.

Die Vorfälle jenes Abends in München werden einen aggressiven, ausfallenden, herrischen, selbstzerstörerischen Harald Juhnke zeigen, wie bei der Pöbelei im Hollywood-Hotel Mondrian. André Heller greift – die Sendung läuft im Bayerischen Rundfunk – den CSU-Chef Franz Josef Strauß an. Juhnke tobt. In deutlich alkoholisiertem Zustand weist er Heller zurecht, er habe sich nicht in die deutsche Politik einzumischen und solle sich »unterstehen, Franz Josef Strauß zu verteufeln«. Juhnke ab. –

Der katastrophale Auftritt hat Folgen. Strauß bedankt sich telefonisch bei dem Entertainer, und im *Spiegel* erscheint ein Foto, das zwei fidele Zechbrüder mit dicken Backen und glänzenden Augen zeigt – FJS und Juhnke. CSU-Generalsekretär Edmund Stoiber äußert sich anerkennend über Juhnkes »Witz und Humor«, während anonyme Drohungen bei Juhnke eingehen, man werde ihn, die »rechtsfaschistische Sau fertigmachen«. Seinen alten Freund Joachim Fuchsberger blafft Juhnke öffentlich an, Deutschlands größter Schauspieler brauche sich »von einem Herrn Fuchsberger nicht in die Pfanne hauen zu lassen«, der sei sowieso »ein kleiner Spießer par excellence«. Fuchsberger hatte sich Sorgen um Juhnke gemacht und war mit einem Arzt in dessen Wohnung gefahren, alarmiert von Juhnkes Sohn Peer. Juhnke nahm Reißaus. Juhnke habe sich das Leben nehmen wollen, sagte Fuchsberger nachher einer Münchner Zeitung Boulevardzeitung.

Juhnke, der längst weiß, daß er einen schweren Fauxpas begangen hat, praktiziert nun das Prinzip Verbrannte Erde. Am Münchner Residenztheater bricht er sein Engagement ab, und er hat laut *Spiegel* den Intendanten Kurt Meisel auch noch mit den Worten beleidigt: »Paß auf, Kurtchen, ich nehm dir das Theater weg, der Strauß hat es mir versprochen.« Die Bayerische Staatskanzlei dementierte das angebliche Angebot von Strauß an Juhnke, er könne das Residenztheater übernehmen.

In einem Anfall von Bigotterie hat Juhnke sein Verhalten nachher mit staatsbürgerlichen Argumenten gerechtfertigt. In *Alkohol ist keine Lösung* schreibt er: »Dieser Freiraum der Unterhaltung wenigstens sollte von der Politik verschont bleiben. Hinzu kommt, daß der gute André Heller vor der letzten Wahl lauthals in einer Fernsehsendung verkündet hat, daß er hoffe, daß der Schatten von Franz Josef Strauß nicht über Deutschland käme. Ich bin nun einmal der Meinung, das geht ihn einen Sch ... dreck an. Wenn dieser Mißbrauch der öffentlich-rechtlichen Anstalt Fernsehen weiter um sich greift, dann dauert es nicht mehr lange, bis aus der Demokratie eine Telekratie wird.«

So spricht kein Schauspieler. So spricht vielleicht ein Intendant einer Anstalt des öffentlichen Rechts. Und so spricht einer, der Mist gebaut hat und sich in Rechtfertigungen verrennt.

Juhnke und die Politik – er hat auch hier nichts ausgelassen. Sein gelegentliches politisches Engagement – im Gegensatz zu anderen Eskapaden sind das überraschende Momente – verrät den wankelmütigen Charakter. Es zeigt vor allem, daß Opportunismus und Größenwahn bei ihm ernstzunehmende Gefährdungen darstellen. Der Größenwahn, der bei Juhnke zumeist in einer sympathisch ironisierten Spielart auftritt, hat auch einen Namen: Sinatra.

Unangemessen ist der künstlerische Vergleich mit Frank Sinatra. Ergiebiger erscheinen die Parallelen im gesellschaftlichen Auftritt, aber auch hier ergibt sich nur scheinbar eine lose Verbindung, eigentlich eine unüberwindliche Distanz des »deutschen Frank Sinatra« zum Original. Zu Frankie-Boy und John F. Kennedy, den Republikanern und der Mafia. Dem undurchdringlichen Gemenge von Show, Politik und Geschäft in den USA, das allerdings in seinen

Der amerikanische Sinatra

Auswüchsen mit Legalität so viel zu tun hat wie Juhnke mit seinem Idol. Sinatra war nicht nur ein Liebling der Massen, sondern auch ein Ziehsohn der Mächtigen. Juhnke hätte wohl in diese Fußstapfen treten können, doch die Verhältnisse in Deutschland sind nicht danach. Juhnkes politische Kontakte gehen nicht über zufällige – und durchaus peinliche – Flirts hinaus.

Es ist rührend, wenn er sein Vorbild »den größten Entertainer aller Zeiten« nennt. Wenn er sagt: »Als absoluter Mann erscheint mir Frank Sinatra.«

Und wer ist jetzt Harald Junkie?

Ein deutscher Schauspieler, Sänger, Entertainer, der sich für Frank Sinatra hält; der Sinatra-Songs in allen Lebenslagen hört, um sich zu entspannen oder auf Touren zu bringen; der seine Bücher und Interviews mit Sinatra-Memorabilien schmückt; der die berühmten Sinatra-Songs mit deutschen Texten singt, die jeden zum Sinatra-Anhänger werden lassen, der es zuvor nie war?

Er ist – ein Fan. Obendrein ein Sinatra-Fan, der kein Englisch spricht. Grenzenlos ist die Bewunderung für das Idol, und die Treue hält bereits ein ganzes Leben. Juhnkes Fanatismus für Sinatra illustriert ein kulturhistorisches Phänomen: Ein deutscher Entertainer steht niemals auf eigenen Füßen. Womöglich ist, wenn man solchem Nachahmungswahn begegnet, die Verbindung von *deutsch* und *Entertainer* ganz und gar widersinnig oder doch einigermaßen problematisch.

Man muß Juhnke als Kind der Nachkriegszeit in Berlin verstehen. Sinatra, das war seine Luftbrücke in die neue Welt, die alles Gute verhieß und unerreichbar blieb. Aus Juhnkes frühen Filmklamotten-Jahren stammt das andere wichtige Erbteil – die Aura der UFA. In seinem Buch *Lachende Erben, Toller Tag – Filmkomödie im Dritten Reich* untersucht Karsten Witte das »Phänomen des Eingedeutschten Amerikanismus«.

Danach gehört auch Harald Juhnke zu den »Lachenden Erben«, mit etwas Verspätung: »Der Amerikanismus schlug nicht nur in den Stoffen durch. Die deutschen Filmstars, die ab 1936 fest im Sattel saßen, hatten ihren Phänotyp mit einem Seitenblick auf die amerikanischen Kollegen gestaltet. Adolf Wohlbrück machte Clark Gable nach; Lilian Harvey versuchte, wie Claudette Colbert zu wirken; Zarah Leander wollte Marlene Dietrich *und* Greta

Garbo vergessen machen; Jenny Jugo hat von Jeanette McDonald gelernt, und Marika Rökk hat von Eleanor Powell das Steppen nicht gelernt; Marianne Hoppe war die Antwort auf die herbe Katherine Hepburn, und Hans Söhnker schließlich drängte in das Fach des Schwerenöters wie der junge Spencer Tracy. Lauter Ersatz-Ideale und Lückenbüßer, die doch nie vergessen ließen, welche Lücke für sie ausgeräumt wurde.«

Alles zusammengenommen, der amerikanische Swing, die coole Whisky- und Western-Kultur und die aufgekratzte, penetrante Lustigkeit der Durchhalterevuen, prägt Juhnkes zuweilen aufgesetzt wirkenden lässigen Stil. Zwischen Nachahmung und Parodie liegt ein schmaler Grat.

Es gibt eine nicht zu vernachlässigende Gemeinsamkeit zwischen Sinatra und Juhnke. Beide stammen aus den unteren sozialen Schichten, und sie haben sich, ungeachtet ihrer Berühmtheit, ein Image bewahrt, das man als bodenständig bezeichnen kann. Sie blieben Identifikationsfiguren für die Masse, aus der sie hervorgeschossen sind.

Von Juhnkes Einsamkeit im deutschen Showbusiness wird noch zu reden sein. Dazu muß man aber erst hinter die Kulissen der Firma Sinatra schauen.

Hier beginnt eine andere Sphäre. Denn was sind Juhnkes alkoholische Verfehlungen, was seine geplatzten und verpatzten Auftritte, verglichen mit den Fischzügen des swingenden Paten?

Zunächst: Sinatra ist der Presse stets aus dem Weg gegangen, häufig kam es zu Handgreiflichkeiten. Sinatra war nicht zimperlich; er konnte zuschlagen oder schickte seine Bodyguards vor. Er hat einen Haß auf Reporter entwickelt, und er hatte dafür gute Gründe. Es dürften dieselben gewesen sein, die ihn veranlaßten, keine der zahlreichen Sinatra-Biographien je zu autorisieren, die im Lauf seiner sechzigjährigen Karriere auf dem amerikanischen Markt erschienen. Sinatras Weste war nie ganz sauber.

Ende der vierziger Jahre – Sinatra zählte längst zu den

Größten der Branche und unterhielt Kontakte zum Weißen Haus – tauchen zum ersten Mal in massiver Form Gerüchte über seine Mafia-Verbindungen auf. Nicht ungewöhnlich auf den ersten Blick; schließlich galt Sinatras Geburtsort Hoboken in New Jersey als Hochburg des Mob. Und es gab wohl keine Showgröße, die nicht bei irgendeiner Gelegenheit mit den Mafiosi aus New Jersey und New York zusammengekommen wäre. Es wäre wohl auch nicht sehr sinnvoll gewesen, sich den Avancen der Bosse mit aller Gewalt zu entziehen; denn der Showbetrieb gehörte zu den Domänen der Mafia, vor allem in Verbindung mit den Spielcasinos in Atlantic City und Las Vegas, die als Geldwaschanlagen und Entertainmentparadiese konzipiert sind.

Frank Sinatra freilich hat immer ein wenig mehr getan, als den unausweichlichen Kontakt mit dem Mob zu tolerieren. 1947 flog er zusammen mit zwei Vettern Al Capones nach Havanna, wo sich die kriminelle Crème traf, um Lucky Lucianos Rückkehr in die USA vorzubereiten.

Ende der fünfziger Jahre besitzt Sinatra selbst, neben Musikverlagen, einer Plattenfirma und zahlreichen Immobilien, Anteile an Spielcasinos in Las Vegas und Lake Tahoe. In dieser Zeit zählt er den jungen demokratischen Präsidenten John F. Kennedy zu seinen Busenfreunden. Kennedy brach 1962, ein Jahr vor seiner Ermordung, die Verbindung ab, als sein Bruder Robert, damals Justizminister der Vereinigten Staaten, ihn über Sinatras enge Verbindungen zur Mafia informierte. Später sollte Sinatra mit den Republikanern, mit Richard Nixon und Ronald Reagan, gemeinsame Sache machen, und die verhaßte Presse sollte Spekulationen über sein »besonderes Verhältnis« zu Nancy Reagan anstellen.

Es genügen einige Schlaglichter auf die Legende Sinatra, es genügt ein kurzer Blick auf amerikanische Verhältnisse, um Juhnke als einen hoffnungslosen Träumer und Waisenknaben dastehen zu lassen.

Im Rat Pack: Dino, Sammy, Frankie

Jetzt hat er nichts in der Hand als ein Mikrofon.

Juhnke zappelt allein auf der Bühne, im Netz der Illusionen. Sinatra pflegte, als die Luft für ihn dünner geworden war, mit Geleitschutz aufzutreten. Einer seiner Spießgesellen war Dean Martin, Dino.

Dino paßt in vielerlei Hinsicht besser zu Harald.

Hierzulande kennt man Martin als betrunkenen Good Guy in John-Wayne-Western wie *Rio Bravo* oder aus der *Dean-Martin-Show*, die vor Jahren im deutschen Fernsehen lief. Eingeprägt hat sich das Bild des eleganten Entertainers auf dem Barhocker mit Whiskyglas und glimmender Zigarette, umrahmt von Showgirls. Dies ist eine Karikatur, und das war sein Leben. Dean Martin hat diese inzwischen überholte Variante des Showbusiness verkörpert wie kaum ein Zweiter.

Dino, Sohn italienischer Einwanderer wie Sinatra, stand mit seiner blonden Frau und seiner großen Kinderschar einmal für den amerikanischen Traum vom Familienglück, bis er mit einer Tänzerin durchbrannte. Von Anfang an spielte er sich als unverbesserlicher Womanizer auf, und ihm wurde das schlimmste Mundwerk der Branche nachgesagt. Über den Charakter seiner unzähligen Affären mit Showgirls bemerkte er: »Wenn du reden willst, dann geh zu einem Priester.« Witze über den Alkohol, Anzügliches über Frauen, Beschimpfungen seines Partners Jerry Lewis, mit dem er serienweise Filmklamotten drehte, waren sein Markenzeichen. Dino kam auf die Bühne, sah blendend aus, soff sich um den Verstand.

Der professionelle Trinker verlor aber erst in dem Moment die Kontrolle über sich selbst, als er tablettensüchtig wurde. Er war ein typisches Produkt jener Generation, die den Rock'n'Roll als unmoralisch und dekadent verurteilte und ihre Shows mit sexuellen Anspielungen bestückte, während Sex offiziell noch zu den tabuisierten Themen gehörte. Ähnlich verhielt es sich mit dem Alkohol. Es gab offiziell keine Alkoholiker, auch nicht unter den Showstars, es gab auch keine Homosexuellen. Noch Jahrzehnte später wirkten Rock Hudsons Coming out und AIDS-Tod in Amerika wie ein Schock. Es gab nur Entertainer, die pausenlos betrunken waren oder mit dem Glas auf der Bühne hantierten wie mit dem Mikrofon.

Bald würden Rockstars die Glückseligkeit durch Sex und Drogen propagieren, politische Parolen ausgeben und ihre Instrumente zertrümmern, in einem symbolischen Akt der Revolte gegen materielle Werte und der Selbstzerstörung. Doch das öffentliche Trinken, die Demonstration der unauflöslichen Verbindung von Show und Rauschmitteln, war eine Errungenschaft der fünfziger Jahre, durchgesetzt von schick frisierten Typen im Smoking, in einem Ambiente, das von Glücksspiel und Glamour geprägt war; Boxermilieu, Mafiamilieu. Es ging um Geld, *big money*, und diese Entertainer wurden reich, weil sie immerzu auf mehreren Hochzeiten tanzten; in den Shows der Casinos, im Plattenstudio, im Filmgeschäft, im Fernsehen.

In der von italienischen Gangs beherrschten Kleinstadt Steubenville, Ohio, hatte Dino Crocetti seine Karriere als Preisboxer und Kartengeber beim Blackjack begonnen. So ein Aufsteiger vergißt seine Herkunft nie, und er sollte allezeit auf eine erstklassige äußere Erscheinung Wert legen. Dino gab Unsummen für seine Garderobe aus.

Auch Juhnke kleidet sich sorgfältig und teuer von dem Moment an, da er es sich leisten kann. Es ist ein Ausweis von Prestige. Es mag auf Frauen wirken. Es ist der Instinkt des geborenen Entertainers, Abend für Abend den besonderen Anlaß zu illuminieren. Es ist Schwindel, und es muß funktionieren, weil eine andere Realität für den Serienhelden nicht existiert.

Dino – Dinosaurier. Als Harald Juhnke seine Entertainer-Qualitäten zu erproben begann, war diese Epoche längst Vergangenheit. Er hat sich den Lackschuh aus dem Fundus der Popkultur angezogen. Interessant bleibt die Tatsache, daß dies keiner sonst in Deutschland versucht hat. Juhnke kam um Jahrzehnte zu spät, und er kam allein. Er führt den Entertainer vor, als wäre es eine Rolle, die ein Schauspieler einstudiert hat; seht her, das kann ich auch! Das Publikum sieht Harald Juhnke, einen hochbegabten deutschen Schauspieler und Unterhaltungskünstler, der amerikanisches Entertainment übersetzt, so wie man hierzulande ausländische Filme synchronisiert. Das Publikum honoriert den offensichtlich hohen Annäherungswert, es mißt Juhnke nicht an Vorbildern, die sich dem allgemeinen kulturellen Erfahrungshorizont entziehen.

Dean Martin, der Italo-Entertainer, besaß eine wohlklingende, dunkel getönte, voluminöse Stimme, wenngleich nicht das Timing eines Frank Sinatra. Beides, Stimme und Swing, besaß ein anderer im Übermaß: Sammy Davis jr.

Dean Martin, Sammy Davis jr. und Frank Sinatra bildeten den Kern einer unvergleichlichen Gang.

Jetzt wird deutlich, was es bedeutet: Harald Juhnke ist allein. Niemand teilt mit ihm einen Song. Keiner fällt ihm ins Wort. Keiner stiehlt ihm die Show.

So haben sie es in Amerika gemacht; jahrelang. Schamlos. Penetrant. Provozierend. In aller Öffentlichkeit. Die Jobs haben sie sich zugeschoben und Shows füreinander organisiert, wenn es einem von ihnen dreckig ging. Sie haben sich gegenseitig hochgejubelt, parodiert, beschimpft und Schaukämpfe auf der Bühne ausgetragen. Sinatra war der Leader.

Der Leader des *Rat Pack*.

1962 hat das Trio im Villa Venice Nightclub von Chicago in typischer Manier abgeräumt; sechzehn Konzerte in sieben Tagen. Die Plattenaufnahme *The Clan in Chicago* dokumentiert nicht nur die herausragende Musikalität und Komik der Truppe, sondern auch die eiserne Hierarchie. Als erster betritt Dean Martin die Bühne und mimt den Besoffenen. Der verschleppte Eröffnungssong *When you're drinking*, eine Parodie des berühmten *When you're smiling*, ist typisch für Dino. Er findet seinen Einsatz nicht, er lallt. Dinos Opening – eine einzige Aufforderung zum Saufen: *When you're drinking/the show looks good to you/but when you're sober/life is a pain* ... Dann kommt der Boss und räumt auf. Sinatra bringt einige Standards, ehe Sammy Davis jr. auf der Bildfläche erscheint. Sinatra spuckt ihm bei jedem Song in die Suppe. Reißt faule Witze, läßt den Zyniker herausrängen, wenn Sammy sentimental wird. So läuft das, wenn der Clan eine Stadt erobert.

Der Ausdruck *Clan* geriet bald in Verruf, wegen der offensichtlichen Anspielung auf den rassistischen Ku-Klux-Klan. *Rat Pack* hat sich durchgesetzt, es ist auch die ältere Firmenbezeichnung.

Ursprünglich war damit der Kreis von Schauspielern und Entertainern gemeint, den Humphrey Bogart um sich

Das Trio infernale auf der Bühne

versammelt hatte. Nach Bogarts Tod 1957 übernahm Sinatra das Kommando – und die junge Witwe Lauren Bacall gleich dazu. Es war sogar von Hochzeit die Rede. Doch nicht Lauren Bacall, sondern Shirley MacLaine spielte in dem Männerclub das Maskottchen. Neben Sinatra und Dean Martin, über die damals eine Chicagoer Zeitung schrieb, sie agierten »wie zwei gerade erwachsen gewordene jugendliche Straftäter«, marschierten auf: Joey Bishop, Peter Lawford, Sammy Davis jr. Eine berühmte Aufnahme zeigt die glorreichen Fünf vor einem Billboard des Sands Casino von Las Vegas, auf dem ihr Act angekündigt wird. *A Place In The Sun* - ein Platz an der Sonne.

Der *Rat Pack* diente auch als Bollwerk gegen eine neue Welle von Superstars, die den alten Platzhirschen gefährlich zu werden begannen: Elvis Presley und die Rock 'n' Roller. Mit seiner allerdings schon in die Jahre gekommenen Halbstarken-Truppe wollte Sinatra seine Jugendlichkeit beweisen. Die Bande dreht Filme. In *Ocean's Eleven* (zu deutsch: Frankie und seine Spießgesellen) spielten sie sich alle selbst; das heißt: Parodie war angesagt: Um ein paar Spielcasinos auszurauben, rauften sich eine Handvoll schräger Typen zusammen, die sich aus Kriegszeiten kannten. So übermächtig fühlte sich der Leader, daß er es riskierte, mit seinen eigenen Casino-Anteilen zu kokettieren. Da sich in der Zeit der Dreharbeiten zu *Ocean's Eleven* Eisenhower, Chruschtschow und De Gaulle zu ihrem Pariser Gipfel trafen, riefen Sinatra und Co. in Las Vegas den *Rat Pack Summit* aus – ihr eigenes Gipfeltreffen; tagsüber vor der Kamera, abends im Casino.

Weitverzweigt waren die Verbindungen des *Rat Pack*, sie gingen weit übers Geschäftliche hinaus. Peter Lawford – er war mit Patricia Kennedy, einer Schwester John F. Kennedys, verheiratet – stellte den Kontakt zum späteren Präsidenten her. Nick Tosches, Verfasser einer Dean-Martin-Biographie, bezeichnet den *Rat Pack* als »sideshow of Kennedy's privileged Democratic dream«. Auch JFK war ein Teilnehmer des Rat-Pack-Gipfels, der unter dem Motto stand: Was kostet die Welt. Kennedy trank mit den Spießgesellen, er kassierte eine siebenstellige Wahlkampfspende, und Showgirls standen bereit für »blowjobs on the house, all around« (Tosches).

Der *Rat pack* erlebte noch einige Comebacks; doch die Magie des Jahres 1960, als Frankie, Dino und die Gang beim Parteitag der Demokraten *The Star Spangled Banner* sangen, kam nie wieder. Der Glamour von Macht, die sich mit Parvenüs aus der Gosse amüsiert und von ihnen aushalten läßt – nichts anderes als der *american dream*. Ein paar Einwanderer stellen das Land auf den Kopf. Statt Lasso und Revolver schwingen sie die Mikros und die Whiskygläser und bumsen sich durch die Chorus Line ...

So wenig sich der Slang dieser Branche übersetzen läßt – Dinos Lieblingswort *fuck* bedeutet *Scheiße*, und damals auch noch ein bißchen mehr –, so schwer fällt es, Harald

Der deutsche Sinatra

Juhnke einen Platz am Spieltisch dieser abgezockten Entertainer mit Killerinstinkt zuzuweisen, und sei es am Katzentisch. Er hätte da nichts verloren.

Sinatra und Juhnke sind sich nie begegnet; nicht einmal ein Händedruck, ein Drink, woher auch? Im Juni 1993 gab der alte Mann aus Amerika noch einmal ein Konzert in der Berliner Deutschlandhalle. Wie ein »Stranger in the night«, so die *Bild-Zeitung*, wartete Sinatras größter Fan am Bühneneingang, vergebens. Etwas näher ist er im Februar 1997 herangekommen, als er vom Cedars-Sinai-Hospital in Los Angeles ärztlichen Beistand erhielt. Es ist das Prominenten-Krankenhaus, zu dessen Patienten auch Frank Sinatra gehört.

Die Stories vom *Rat pack* besitzen neben ihrem hohen Unterhaltungswert auch den Vorzug, Juhnkes Image ein wenig zurechtzurücken. Es gibt nun wirklich nichts mehr, das man ihm übelnehmen könnte, so harmlos, anständig und bescheiden nimmt er sich gegen jene Männer aus, die er sich zum Leitbild erkoren hat. Als staatstragend hat er sich auf seine Art erwiesen: »Überall, wo ich mit meiner Show hingehe, rede ich ja auch viel von Berlin, und statt ›New York, New York‹ singe ich ›Berlin, Berlin‹. Also bin ich ja selbst schon ein richtiges Aushängeschild. Wie die Gedächtniskirche«, sagt er 1995 in einem Zeitungsinterview.

Juhnke übernimmt auch noch diese Rolle – diejenige seines eigenen Denkmals. Er muß alles alleine machen. Ist Harald Juhnke vielleicht deshalb so groß geworden, weil eine solche Figur in der deutschen Unterhaltungsindustrie, in der nach wie vor eine triste künstlerische Arbeitsteilung herrscht, gar nicht vorgesehen war?

Hat er nicht stets nach einem Partner für die Bühne gesucht, wobei sich dann immer nur brave Altmännerfreundschaften mit Eddi Arent und Wolfgang Spier ergaben? Was Juhnke fehlt, ist das künstlerische, geschäftliche, freundschaftliche Nest, das ein Sinatra so virtuos gebaut hat. Das ist symbolisch, aber auch praktisch zu verstehen. Denn ein derartiges Sicherungssystem setzt wiederum die Existenz einer Showbranche voraus, wie sie sich nicht zuletzt unter tatkräftiger Mithilfe der Mafia seinerzeit in den USA entwickelt hat. Wie man jemanden am Theater aufbaut oder erledigt, läßt sich wunderbar in Woody Allens Spielfilm *Bullets Over Broadway* studieren. Und wie gut könnte man sich das bis zur Selbstaufgabe ehrgeizige, biegsame, Einflüsterungen zugeneigte Naturell eines Harry Junkie in solchem Mobster-Ambiente vorstellen!

Denn es waren stets die Besten, die da hochkamen. –

»Wenn ich trinke, dann säuft Sinatra«, hat Juhnke gesagt. *My way, his way.* Bei einem Auftritt in Richmond, Virginia, brach der bald achtzigjährige Sinatra auf der Bühne zusammen, als er gerade *My Way* sang. Man brachte ihn im Notarztwagen in ein Krankenhaus, das er wenige Stunden später fluchtartig wieder verließ. Diese Geschichte berührt Juhnkes eigenen Mythos. Sie ist melodramatisch, und sie hat ein Happy-End. Sinatra stand als swingender Greis noch auf der Bühne, und unter diesem Aspekt bekommt die Sinatra-Manie allmählich eine andere Bedeutung. Juhnke ist 68 Jahre alt, und von Aufhören hat man ihn noch niemals reden hören. Das Vorbild Sinatra, ebenso unerreichbar wie all die anderen Idole, besitzt für Harald Juhnke den unschätzbaren Vorteil einer langen Lebenserwartung. Sinatra hat sich von allen Entertainern am längsten gehalten. Er überlebte Sammy Davis jr. und Dean Martin. Der Leader des *Rat Pack* geht als letzter von der Bühne.

»Frank Sinatra ist für mich eine Art Trauma«, sagt Juhnke in dem berühmten *Playboy*-Gespräch mit André Müller. »Ich höre immer seine Platten, bevor ich auftrete, weil ich glaube, daß ich auf dem Unterhaltungssektor ein ähnliches Talent bin.« Das ist im O-Ton die alte Juhnke-Platte. Doch dann kommt, in aller Kürze, eine brillante Sinatra-Analyse von seinem deutschen Adepten: »Nur hat der etwas, was ich nicht habe, er hat einen kühlen Kopf. Der fällt nie aus. Das ist ein eiskalter Rechner. Wahrscheinlich ist es meine Sehnsucht, so zu sein wie Sinatra trotz all der Mafia-Kontakte, die man ihm nachsagt.«

Die abschließende Bemerkung ist dann wieder sehr komisch, wenn Juhnke findet: »Sinatra hat als Schauspieler nicht die Vielseitigkeit, die ich habe.«

Wer will jetzt da noch widersprechen! Denn es ist ja auch so, daß Juhnke seine Kritiker zermürbt mit solchen Selbsteinschätzungen, die irgendwann als Standard akzeptiert sind.

Ist er denn nie gut genug – er selbst?

NUMMER 9:

Marmor, Stein und Eisen bricht –
Der Star und die Liebe des Publikums

> Marmor, Stein und Eisen bricht
> Aber unsere Liebe nicht
> Alles, alles geht vorbei
> Doch wir sind uns treu.
>
> DRAFI DEUTSCHER

Liebe ist ... ein Kitschpostkarten-Cartoon in der Boulevardpresse, mit täglich wechselnden Spruchweisheiten fürs Büro. Aber was ist Harald Juhnke?

Harald Juhnke ist ...

... wenn *Bild* in einem offenen Brief fleht: »Seien Sie doch Ihrem Millionenpublikum ein wirkliches Vorbild. Weichen Sie nicht länger Ihrem Alkoholproblem und sich selbst aus! Lassen Sie sich endlich helfen!«

... wenn die *Frankfurter Allgemeine Zeitung* philosophiert: »Er kämpft nicht gegen die Medien, die ihm sein Privatleben zersetzen, sondern er neutralisiert sie durch Affirmation.«

... wenn die *Bunte* droht: »Harald Juhnke ist eitel. Er braucht die Sympathie der Millionen, um wie auf Wolken über den Kurfürstendamm zu schlendern. Und die bekommt er nur nüchtern zurück.«

... wenn die *taz* schluchzt: »Der Mann hat so etwas sagenhaft Trostloses, daß es einem die Tränen in die Augen jagt.«

... wenn alle recht haben und niemand unter die Oberfläche dringt.

... wenn es am Ende immer nur Oberflächenschichten gibt, je tiefer man das Phänomen auslotet?

Harald Juhnke ist die Ausnahme, die auf frappierend gründliche Art und Weise die alte Regel bestätigt, daß das deutsche Publikum in seiner Mehrzahl keine Stars duldet, nicht einmal im Tod. Das Gerangel der Bezirkspolitiker in Berlin-Schöneberg um einen Marlene-Dietrich-Platz oder eine Marlene-Dietrich-Straße illustriert exemplarisch die Unfähigkeit hierzulande, mit menschlicher und künstlerischer Größe umzugehen. Noch beim Begräbnis der Dietrich in ihrer Geburtsstadt wurden Stimmen laut, die der antifaschistischen Emigrantin »Vaterlandsverrat« vorhielten.

»Alles, alles geht vorbei/Doch wir sind uns treu« – der Refrain beschreibt das einzigartige Verhältnis des Publikums zu seinem Liebling. »In Deutschland gibt es nur zwei Stars«, sagt Harald Juhnke selbst, »Götz George und mich.« Doch der Schauspieler George, Juhnkes Partner in der Filmkomödie *Schtonk*, erlaubt keinen Einblick in seine Intimsphäre, und er hat auch nie Skandalstoff geliefert. Seltsamerweise scheinen die Medien Georges Entscheidung gegen ein Leben in der goldenen Zelle, in der bei Tag und Nacht die Scheinwerfer brennen, zu akzeptieren. Georges Panzerung verdankte sich der Tatsache, daß er, in einer großen Familientradition stehend, größere Chancen hatte, als Schauspieler anerkannt zu werden. Etwas von der unberührbaren Aura seines berühmten Schauspieler-Vaters Heinrich George muß auf ihn übergegangen sein. Erst als Georges Freundin nach der Trennung im *Stern* Schmutzwäsche wusch, geriet auch dieser stille Star unter Druck.

Aber warum Juhnke? Warum er? Warum nimmt er diese singuläre Stellung ein, seit so vielen Jahren? Warum haben sie ihn bei Gelegenheit nicht einfach fallenlassen; solche Gelegenheiten hätte es en masse gegeben. Und wie oft ist das Ende seiner Karriere prophezeit, herbeigeschrieben worden, mit der Folge, daß das Publikum ihn nur noch mehr liebt ...

Um dem Geheimnis auf die Spur zu kommen, muß man vielleicht Geschichten erzählen; Geschichten, die gewisse Parallelen zu Juhnkes Laufbahn und Legende aufweisen. Vielleicht muß man Ablenkung suchen, um ans Ziel zu kommen. Doch die Geschichte der populären Kultur in Deutschland erscheint arm an Mythen und Dramen, weshalb Juhnke immer wieder auch so auffällig absticht.

Deutschland hat kein Königshaus, Deutschland hat keine Popstars. Deutsche Fußballmannschaften zeichnen sich weniger durch Spielkultur als durch Kampfkraft aus, eben: »Marmor, Stein und Eisen bricht ...«

Das wäre so eine Geschichte. Ein Lied wollte um die Welt gehen. Eine Spekulation der *Bild-Zeitung* machte dem zwanzigjährigen Sänger über Nacht den Garaus. »Drafi Deutscher ein Sittenstrolch?« lautete die Frage des Jahres 1966, die sich, einmal gestellt, im Grunde ganz von selbst beantwortete. Da war der Mann bereits erledigt.

Bild hatte wieder einmal den Anfang gemacht, andere Medien zogen nach. Unverzüglich forderte die Zeitschrift *Bravo*, der Hirtenbrief der deutschen Teenager, ihre Gemeinde auf, über einen Boykott des Delinquenten abzustimmen. Der hatte mit seinem ewigen Treueschwur gerade die Hitparaden aufgerollt und der schmalbrüstigen Schlagerbranche ungeahntes Selbstvertrauen beschert. *Marble breaks and iron bends*, die englische Version, schaffte es sogar bis in die amerikanischen Charts.

Eine obskure Geschichte. Als ihn ein Gericht wegen »Erregung öffentlichen Ärgernisses« zu einer Haftstrafe auf Bewährung verurteilte, mußte der hoffnungsvolle Junge aus Berlin von der Bildfläche verschwinden. Die Plattenverkäufe gingen dramatisch zurück, die Medien vollzogen den Boykott total.

Am Fenster seiner Wohnung soll Drafi Deutscher sich in exhibitionistischer Absicht spielenden Kindern gezeigt haben, lautete die Anklage. Sie konnte nicht widerlegt werden. Drafi Deutscher war fortan tabu. Und vielleicht deswegen sollte sein Lied, sein *Marmor, Stein und Eisen bricht*, im Lauf der Zeit eine Popularität erlangen, wie kein zweiter deutscher Titel der Nachkriegszeit. Es wurde zur Hymne. Zum Volkslied. Zum Schlachtruf der einsamen Herzen. Nirgends war diese unwahrscheinlich einprägsame Nummer gefragter als unter Gefängnisinsassen. Drafi Deutscher hatte, ohne es zu ahnen, seine eigene Legende auf einen verschlungenen, schmerzhaften, sentimental-absurden Weg gebracht.

Bald zwanzig Jahre dauerte das Exil. Deutscher tingelte als Diskjockey, schlug sich als Verkäufer auf Berliner Wochenmärkten durch. Im Musikgeschäft arbeitete er unter falschen Namen wie Mr. Walkie-Talkie, Jack Goldbird oder Gebegern. Mit dem englisch getexteten Song *Guardian Angel* gelang 1984 das Comeback. Da nannte er sich ironisch *Masquerade*. Probleme mit dem Alkohol und anderen Drogen blieben auch nicht aus.

Drafi Deutscher hat die Höchststrafe abgeleistet. Die rigorose Moral der Sechziger, die an seinem Fall mit inquisitorischer Härte exemplifiziert wurde, erlebt inzwischen eine Wiederkehr – nur sind die Hintergründe jetzt andere. Jetzt bestimmt allein das ökonomische Kalkül die moralische Wertigkeit. Moral ist, was die Quoten und Verkaufszahlen unterstützt oder nicht gefährdet. Moral – oder die behauptete Moralverletzung – dient zum Anheizen des Geschäfts.

Die Preisgabe des Jungstars damals hatte die Branche noch einiges gekostet, galt Drafi Deutscher doch als der einzige, der den altbackenen deutschen Schlager mit Energie und Charisma beleben konnte. »Nach Drafis jähem Sturz waren die Anhänger von Beat-Musik für Deutschlands Schlagermacher als Käuferschicht endgültig verloren«, schreibt Thommi Herrwerth in seinem Buch *Itsy Bitsy Teenie Weenie – Die deutschen Hits der Sixties*. »Drafi Deutscher, so zeigte sich, war durch nichts zu ersetzen, es gab kein zweites Marmor, Stein und Eisen bricht. Die einheimische Plattenindustrie kapitulierte, verkniff sich künftig jedwede Experimente mit Protestsongs oder harten Rhythmen und setzte statt dessen nur noch auf konservative Hörerschichten. Roy Black wurde zu ihrer Galionsfigur.«

Eine jüngere Geschichte: Als Drafi Deutscher abgeschossen wurde, waren die drei Rap-Sängerinnen Lee, Jazzy und Ricky von *Tic Tac Toe* noch nicht geboren. Als Teenager einer neuen, postfeministischen Generation stürmten sie 1996 in die Öffentlichkeit, *Ich find dich Scheiße* hieß ihr bislang größter Hit, eine neuere Nummer heißt *Verpiß dich*. Tic Tac Toes Image – blutjung, sexy, selbstbewußt und ausgeschlafen – sorgte für millionenfache Plattenverkäufe; die Vorbilder, oder *role models*, sind auch hier im angloamerikanischen Raum zu suchen.

Doch dann kam über Nacht der sogenannte Skandal: Lee, mit bürgerlichem Namen Liane Wiegelmann aus Iserlohn, ist in Wahrheit nicht achtzehn, sondern zweiundzwanzig Jahre alt. Sie hat als Prostituierte gearbeitet. Sie ist verheiratet. Sie hat abgetrieben, das Kind war nicht von ihrem Mann. Ihr Mann hat Selbstmord begangen, als sie ihn verließ, wohl der Karriere wegen. Das war, selbst für die frechen, aggressiven Texte der Band, zuviel Lebenserfahrung. Diese Lee konnte plötzlich kein Teenageridol mehr sein? Das Gesetz des Erfolgs lautet: »Bau soviel Mist, wie du willst, erzähle so viele Lügen, wie du mußt – im Rahmen deines Images. Das ist es, was dich zum Popstar macht«, kommentierte die *Süddeutsche Zeitung*.

Lee alias Liane erlebt in jenen Wochen, was Harald Juhnke in Fleisch und Blut übergangen ist: das Trommelfeuer der Medien, das von der *Bild-Zeitung* angefacht wird, und den Beistand der Fans. Die Plattenbosse und die Imagebastler verhalten sich ruhig, hoffend, daß die Krise vorübergehe und das Geschäft nicht in Mitleidenschaft gezogen werde, da der von ihnen inszenierte Schwindel mit der Biographie des Jungstars aufgeflogen ist. Die Turbulenzen um die Mädchenband *Tic Tac Toe* im Frühjahr 1997 werfen ein Schlaglicht auf die modifizierten Gesetze der Popindustrie.

Im April 1997 geht das Aschenputtel auf Tournee. Das erste Konzert findet im niedersächsischen Nordhorn statt, mit einer rituellen Ansprache, wie sie Juhnkes Anhängern allzu vertraut ist. Die vermeintliche Sünderin Lee unterbricht nach ein paar Songs das Konzert, um eine persönliche Erklärung abzugeben, die sie vorher, in der leeren Halle, einstudiert hat: »Ich möchte mich bei allen meinen Fans und Nicht-Fans für die Unterstützung in den letzten vier Wochen bedanken. Wenn ihr nicht gewesen wärt, würde ich heute abend nicht hier oben stehen. Wer weiß, wo ich dann wäre.« Im Saal leuchten Wunderkerzen und Feuerzeuge auf. Rufe werden laut: *Lee, wir glauben an dich*. Oder: *Deine Vergangenheit ist uns egal*. Der Moral-Feldzug der *Bild-Zeitung* hat seinen Zweck erfüllt: Schlagzeilen, Schlagzeilen, Schlagzeilen, und die Girlie-Karawane zieht weiter.

Also: *Sex And Drugs And Rock 'n' Roll*, wie es in dem berühmten Song von Ian Drury hieß. Der Rock 'n' Roll ist tief in die Alltagskultur eingedrungen, als anerkanntes Skandal-Prinzip, vor allen Dingen als ökonomische Maxime. Auch das Tabu des eventuellen Kindesmißbrauchs läßt sich ökonomisch regeln, wie der Fall Michael Jackson beweist. Und hat nicht der Schauspieler Hugh Grant von seiner illegalen Blow-Job-Romanze in Hollywood ebenso profitiert wie die Prostituierte, die zu dem Star in den Wagen stieg? Was ist ein Prozeß, was ist ein Mord gegen seine Vermarktung, wenn der Angeklagte O. J. Simpson heißt?

Das alte Rein-Raus-Spiel: Die Schlagzeile ist Herbeiführung öffentlicher Echauffiertheit, nach den mechanistischen Ritualen der Pornographie; Behauptung eines Sachverhalts, Relativierung, Widerruf, je nach dem Gebot der Stunde – je nachdem, wie der mediale Wechselkurs am betreffenden Tag steht. Pornographie erobert den gesellschaftlichen Austausch in einem noch unabsehbaren Maß. Damit fallen die alten politischen Feindbilder, zumal der Linken. Die Linke selbst läßt sich nicht mehr definieren.

Es gilt auch nicht mehr das »Juhnke-Prinzip«, wie es Eckhard Henscheid 1981 beschrieben hat. Seine Analyse spiegelt noch das alte, säuberlich in Gut und Böse zu scheidende Gesellschaftsbild wider: »Ist es nicht ein Einzigartiges, eröffnet es nicht wahrhaft neue Zeitungsdimensionen, wie wunderbar prägnant das Nichts hier Information wird und in Aufmachersprache wie Juhnke: Betrunken, Juhnke: Nie wieder, Juhnke: Versöhnung Gestalt gewinnt?« Henscheid erlag dem weit verbreiteten, seinerzeit entschuldbaren Irrtum, Harald Juhnke für einen »durchschnittlich populären und unterdurchschnittlich begabten Schauspieler und Quizmaster« zu halten, für ein »durstiges Nichts«, das sich *Bild* & Co. zum auflagensteigernden Popanz aufgebaut haben. Die schiere Lebensdauer des Phänomens Juhnke hat Henscheids überhebliche Kritik widerlegt. Denn es zeigt sich über die Jahre und Jahrzehnte, daß sich derartige Medienschlachten nur dann hinhaltend schlagen lassen, wenn Substanz vorhanden ist; in diesem Fall das psychologische, künstlerische Drama des ebenso begabten wie gefährdeten Entertainers. Aus dem Nichts läßt sich nichts machen. Im Gegenteil, der Einsatz wird stets erhöht, ohne Rücksicht auf menschliche Verluste; das Mädchen Lee von *Tic Tac Toe* wurde nicht mit irgendwelchen Märchen konfrontiert, sondern mit entsetzlichen Tatsachen aus ihrem Leben, die verschwiegen worden waren, und ein geringer Teil dieser Erfahrungen hätte ausgereicht, das Leben einer erwachsenen Frau zu verpfuschen.

Doch das ist Harald Juhnke bis heute *auch*: ein respektabler Bürger, ein kleiner Fisch, gemessen an den amerikanischen Phantomen und Phänomenen der Popkultur. Und doch ein Popstar. Ein Popstar im Smoking, der den Rock 'n' Roll für die gute Stube vorlebt. Aber: Pop ist längst

nicht mehr auf eine bestimmte, jugendliche Altersstufe beschränkt; das ergibt sich aus der Geschichte der letzten dreißig, vierzig Jahre. Popkultur und Rock'n'Roll stellen sich inzwischen als eine Branche ohne Ruhestandsregelung dar, zur endlosen Verzögerung von einstmals natürlichen Alterungsprozessen. Popkultur ist weitestgehend mit Kommerz gleichzusetzen und beschränkt sich längst auch nicht mehr auf eine bestimmte Musikrichtung. Die drei Tenöre Carreras, Domingo und Pavarotti füllen Fußballstadien ebenso schnell wie die bald sechzigjährigen Rolling Stones. In letzter Konsequenz existieren nur noch Kulturen, die Popularität genießen, oder sie sind vom Aussterben bedroht.

Die alten Begriffe von Kultur verschwimmen bis zur Unkenntlichkeit.

Hinter der Frage aller Fragen: Warum Juhnke? steht auch die Frage: Was ist das für ein Wechselbalg von einem Künstler-Alleskönner? Einerseits ist Harald Juhnke eindeutig ein altmodischer Entertainer, Lehrling der Nachkriegszeit, eifrigster Adept des Wirtschaftswunders, andererseits folgt seine unwahrscheinliche Karriere den Gesetzen einer allumfassenden Popkultur, die das 21. Jahrhundert bestimmen wird. Ein Fossil. Und ein Futurist.

Instinktiv hat Juhnke alles richtig gemacht. Er verfügt über das nötige Maß Verrücktheit, um das Publikum zu erregen, und er wirkt angepaßt und anständig genug, um noch im Seniorenheim Zuspruch zu finden. Als entscheidend muß betrachtet werden, daß er der richtigen Droge verfallen ist – dem Alkohol. Der Volksdroge. Das Heer der anonymen Alkoholiker hat mit Juhnke einen prominenten Fürsprecher, Vorkoster, er ist ihre Entschuldigung, zuverlässig wie ein guter Freund.

Er ist der Liebling der Leute, weil er einer von ihnen ist. Er verkauft gute Laune in einem Land, in dem die Larmoyanz regiert. Und fliegt er auf die Nase, steht er lachend wieder auf.

Konstantin Wecker, und das ist wieder eine andere Geschichte aus dem Dunstkreis gefallener Berühmtheiten, hat dagegen alles falsch gemacht. Bis heute läßt der politische Kraftmeier seinen linken Bizeps anschwellen, und er hat sich der falschen Droge ausgeliefert – dem Kokain.

Alkohol ist gesellschaftsfähig und für den Staat eine beträchtliche Steuerquelle, Koks ist das nicht. Kokain wird als exklusive, kostspielige, arrogante Droge angesehen. Kokainbesitz ist unter Strafe gestellt.

Der Sänger und Komponist Konstantin Wecker ist dafür in erster Instanz zu zweieinhalb Jahren Haft verurteilt worden.

Das ist auch jemand, der wie Harald Juhnke immer gern über sich Auskunft gegeben hat – über seine Sehnsüchte, seinen Liebesbedarf und seine Sexmühen, seinen Suchtcharakter. Der Strafprozeß vor dem Münchner Amtsgericht im September 1996 zeichnete ein Bild des Schreckens. Keine Rede von der Schicki-Micki-Droge Kokain, die gerade in München immer wieder für rauschende Skandale gesorgt hatte. Keine Spur von Glamour, nur Horror, Verzweiflung, Gossengeruch. Wecker war am Ende. Als die Polizisten ihn in seiner Wohnung verhafteten, soll er gesagt haben: »Gott sei Dank seid ihr da«. Er begann Kokain zu schnupfen als »Bewältigungsversuch, mit dem Erfolg umzugehen«, gestand Wecker, und man muß hinzufügen – um auch mit dem ausbleibenden Erfolg fertigzuwerden. Lange Karrieren reißen tiefe Löcher in der Psyche der Künstler.

Vor Gericht schilderte der Süchtige das nackte Elend, den Zustand der Verwahrlosung, die Todesgefahr. Konzerte hat er dann immer noch irgendwie durchgestanden, auch wenn er während der Vorstellung eingeschlafen oder zwischen den Liedern von der Bühne gegangen sei, um eine Pfeife zu rauchen: »Konzerte kann ich immer geben, das ist in mir drin.« Eine Rolle in einer Fernsehserie hat er auch noch mit großer Mühe bewältigt, »weil die Maskenbildnerin Wunderdinge leistete«. Die *Süddeutsche Zeitung* hat Weckers Richter mit den Worten zitiert, es gebe sicher Leute, die den Einfluß der Droge begrüßen, »›weil wir sonst vielleicht immer noch bei Peter Kraus wären‹. Was er damit gemeint hat?«

Da ließ der Richter durchblicken, daß er mit schlechtem Gewissen geurteilt hat; weil doch jeder weiß, daß Künstler einen Lebenswandel außerhalb der Norm führen. Also wieder: Drogen, Sex und Popmusik. Die Bemerkung des Münchner Richters läßt das Urteil gegen Wecker als bigott erscheinen. Wie viele Rockstars sind mit dem Gesetz schon in Konflikt geraten, weil sie dabei erwischt wurden, daß sie so lebten, wie sie es in ihren Songs beschreiben?

Eine scheußliche Geschichte. Eine Geschichte von öffentlicher Verfolgung. Den Konstantin Wecker mögen die Medien nicht besonders. Mit Häme hat der *Spiegel* über die Ehe des 49jährigen Delinquenten mit seiner 23 Jahre jungen Frau berichtet, die in einer norddeutschen Kleinstadt lebt; über das Baby und Weckers Versuch, familiären Halt zu finden. Man nimmt ihm das alles nicht ab. Wie Juhnke, so ist auch Konstantin Wecker zum Singen verurteilt. Doch in seinem Fall ist es nicht allein die Abhängigkeit von der Zuneigung des Publikums, die den Künstler selbst in schäbige Konzertsäle treibt, sondern ein drückender Schuldenberg von mehreren Millionen Mark; eine Folge des haltlosen Rauschgiftkonsums. Zuletzt rauchte er Crack, stand Todesängste aus.

Beim ersten Auftritt nach der Verurteilung, auf der 100-Jahr-Feier der Gewerkschaft ÖTV in Stuttgart, legt auch Konstantin Wecker eine Art Beichte ab. Er erinnert an Klaus Mann, Hans Fallada und Jacques Brel, in deren Kunst der Koks hineingeschneit sei, so wie bei ihm selbst.

Tic Tac Toe, Konstantin Wecker, Harald Juhnke: Das öffentliche Bekenntnis zu den eigenen Verfehlungen ist zu einem Ritual geworden, das seltsamerweise an den Umgang mit dem Stasi-Syndrom im vereinten Deutschland erinnert. Der Voyeurismus, auch der politische, hat zugenommen in dieser Gesellschaft. Es ist das Bedürfnis, Menschen bloßgestellt zu sehen und einen Typus zu kreieren, der zugleich als Täter und als Opfer darstellbar ist.

Konstantin Wecker und Harald Juhnke fühlen sich durch ihre Suchtgeschichten verbunden. Und was liegt näher als eine Demonstration des guten Willens, als ein Versuch, aus einem finsteren Kapitel Kapital zu schlagen, wenn die Medien auch längst auf ihre Kosten gekommen sind. Aber das wäre noch einmal ein Coup gewesen: Anfang 1996 gab es Pläne für eine gemeinsame Tournee, das Duo Wecker/Juhnke wollte das Thema Drogen auf die Bühne bringen, und Juhnke hatte auch noch die Idee, den Erlös der Konzerte für die erkrankte Hildegard Knef zu spenden (die dankend ablehnte, jedoch einen Auftritt zu dritt vorschlug, wenn es ihr besser ginge). Die Drogen-Tour kam nie zustande, der Plan wurde von der Realität überholt.

Später tauchte im *Spiegel* ein Foto mit Konstantin Wecker, seiner Frau Annik und Harald Juhnke auf. Wecker hält das blonde Mädchen fest im Arm, Juhnke mit Zigarre und einer Flasche Bier, alkoholfreiem Bier. Die Bildunterschrift ironisiert das Idyll: »Suchtkranker Juhnke, Ehepaar Wecker: Diesmal schafft er's.« In der *Frankfurter Rundschau* hat der Sänger eine bittere Rechnung aufgemacht: »Man merkt übrigens deutlich den Unterschied zwischen Alkohol und Kokain. Der Juhnke ist sehr viel besser behandelt worden als ich, weil es die erlaubte Droge war.« Und er weiß, daß ein Wecker ohne Koks für die Öffentlichkeit ebenso langweilig ist wie ein Juhnke ohne Alkohol: »Man könnte sich ja auch überlegen, daß die Tatsache, wie ich vom Crack weggekommen bin, vielen Süchtigen helfen könnte. Aber es interessiert ja niemand.«

Dabei steht Wecker das Image des ewigen Ekstatikers im Weg. Sein bekanntestes Lied hat den Refrain »Genug ist nicht genug«. Er singt die alten Nummern immer noch, ein Gefangener des eigenen Worts.

Solche Lieder hat Juhnke nie gesungen. Die barocke, schweißtriefende, penetrante »Ich laß die Sau raus«-Sinnlichkeit eines Konstantin Wecker paßt nicht zu seinem Stil. Ein Harald Juhnke wahrt immer die Form. Immer korrekt. Immer adrett. Immer lustig. Bis zum Abgrund.

Juhnkes Erfolgsgeschichte liegt offensichtlich auch in einer gewissen Beherrschtheit begründet, trotz aller Koketterie. Der Schauspieler Juhnke kann Distanz zur eigenen Person herstellen, Wecker nicht. Wecker kennt keine Selbstironie. Wecker kultiviert die Pose des rücksichtslosen Draufgängers – und des Gesellschaftslöwen. Das ist nun auch eine Münchner Geschichte. Harald Juhnke ist Berliner. In Berlin herrschen nach wie vor andere Verhältnisse; eine glamouröse Society wie in München existiert dort nicht. Berlin ist proletarischer.

Als Schauspieler, als Sänger hat Juhnke sein Publikum nie nachhaltig verschreckt. Erschreckend und auch wieder ungemein faszinierend wirken die Exzesse, die der Privatsphäre zugerechnet werden – auch wenn der Mann sich jeglicher Privatheit entledigt zu haben scheint. Und dann spricht er immer davon, wie wichtig ihm seine Familie sei, und daß er nicht allein leben könne. Hier lebt er eine Haltung vor, die allzu verständlich erscheint: Er zerreißt sich schier bei dem Versuch, Familienleben und Affären, Suff und Solidität, Berühmtheit und Bodenständigkeit miteinander zu vereinbaren. Er wagt doch nie den Schritt ins Offene, Entbürgerlichte hinaus. Die damit verbundenen Verluste würden ihn wohl umbringen.

Zweifellos hat er versucht, die Wunden vorzuzeigen, die ihm die Paria-Existenz zufügt, mit dem *Trinker*-Film, mit dem Osborneschen *Entertainer* im Theater, gelegentlich in konzentrierten Interviews, wenn er für einen Augenblick zur Ruhe kommt. Er hat vieles – sehr spät – unternommen in der Absicht, dem Publikum eine andere Einsicht in

Ich bin ein Berliner: Superstar mit Currywurst

seine Kunst zu vermitteln, und man hat ihm diese Geschichten abgenommen – und nachgesehen. Man akzeptiert diese gebrochenen, kaputten Typen, die Juhnke sich als Rollenfach so sehr ersehnt, als *eine* Erscheinungsform des Stars. So mühsam gestaltet sich der Weg von der Spitze der Fernsehpopularität zurück zum Theater, zum Spielfilm. Da dreht er sich im Kreis. Denn ein radikaler Bruch mit der Vergangenheit kommt nicht in Frage.

Da müßte er also ein für allemal den Entertainer-Anzug ausziehen, er müßte auch seine Gepflogenheiten im Umgang mit den Medien ändern, die das Produkt Harald Juhnke zuverlässig vertreiben, und *das* würde ihm womöglich wirklich nicht verziehen. Es bleibt ihm nur die graduelle Wandlung, eine Art Reifungsprozeß. Man wird es nicht erleben, daß er den Tingeltangel aufgibt und sich auf bestimmte Bühnenrollen zurückzieht. Dafür fehlt es in der Branche auch an den Voraussetzungen, und es käme im übrigen einer fatalen Selbstverleugnung gleich. Juhnke kann nicht anders, er kann nur der Juhnke sein, der auf sämtlichen Hochzeiten tanzt, solange Physis und Psyche mitspielen.

Juhnke verkörpert ein seltenes Ideal. Unzählige Male hat er erklärt, er werde sich zu Tode saufen, und er ist bislang weder in der Versenkung noch auf dem Friedhof gelandet, sondern am Ende immer wieder mitten im Leben. Der anhaltende, ja wachsende Erfolg scheint zu bestätigen, daß es möglich sein kann, mit Gewinn einen ruinösen Lebenswandel zu führen. Andere prominente Alkoholiker haben nur draufgezahlt. Der Fußballer Gerd Müller, einst als »Bomber der Nation« gefeiert und einer der weltbesten Stürmer aller Zeiten, fristet heute ein Schattendasein als Angestellter seines Vereins, des FC Bayern München. Die Boxer Bubi Scholz und Graciano Rocchigiani haben die Alkoholsucht bekämpft. Der Schlagersänger Roy Black starb vereinsamt 1991, nach mehrfacher Ankündigung, er werde Selbstmord auf Raten begehen und sich zu Tode saufen.

Aber auch ein Juhnke wird älter. Müßte man nicht sagen, dies Älterwerden grenzt an ein Wunder? Die Frage ist, wie hält er das aus? Macht er niemals schlapp? Wann hat er einmal Sendepause?

Die Bewunderung der schieren körperlichen Leistung, die Juhnke anscheinend locker und verschmitzt, aber ganz unverschwitzt über die Rampe bringt, spielt eine wichtige Rolle bei der Beurteilung der phänomenalen Popularität.

Er zeigt den Fans, daß auch ein Showstar, ein Entertainer hart arbeitet. Er spricht die Sprache der Fans, er erscheint nicht arrogant, und selbst noch in seinem Hedonismus wirkt er zuweilen wie ein Malocher. Deshalb auch wecken Juhnkes Exzesse keinen Futterneid, sondern Verständnis bis hin zur Begeisterung – und die Lust, ihm nachzueifern.

Harald Juhnke funktioniert wie ein Zitat, das sich durch ständigen Gebrauch extrem verkürzt hat. Harald Juhnke *existiert*, und das hat etwas Tröstliches, Beruhigendes, Erheiterndes. Man kauft Konzertkarten für Juhnke, man fragt nach einer alten Juhnke-CD, und die Reaktion bleibt nicht aus. Meist es ist ein wissendes Lächeln oder komplizenhaftes Grinsen, was man erntet, zuweilen ein fragender Blick. Über die Chiffre *Juhnke* funktioniert eine fast wortlose Verständigung, zwischen den Generationen, zwischen sozialen Schichten, auch zwischen Ost und West. Juhnke, der selbst eingeklemmt ist in den Schubladen von sogenannter U- und E-Kultur, versammelt ein einzigartig heterogenes Publikum.

Denn er hat die Formel *Sex and Drugs and Rock 'n' Roll* so allgemein verständlich übersetzt wie kein zweiter deutscher Künstler.

Sein vor fünfzehn Jahren erschienenes Buch *Alkohol ist keine Lösung* gleicht über weite Strecken den Bekenntnissen eines kapitalen *homme à femmes*. Freizügig gewährte er Einblick in sein Hotelzimmer. Tourneen wurden, wie bei Rockstars, zu Dauerorgien an täglich wechselnden Orten, mit ständig wechselnder Besetzung: »Mit etwas gemischten Gefühlen erinnere ich mich an hochpromillige Liebesspiele, die oft bis zum Exzeß gingen. Bis zu 24 Stunden lang vollbrachte ich dabei fast artistische Leistungen, aber das nur, weil ich nicht total betrunken war. Ein kurzer Drink zwischen den Erfolgen hatte immer noch eine belebende Wirkung. Ich, oder besser gesagt, wir wollten eine gewisse Hochstimmung halten, um den Spannungszustand nicht absinken zu lassen. Ein interessenloses Nebeneinander-Einschlafen war nicht nach meinem Geschmack. Die leicht alkoholisierten Intermezzi bestanden aus vertrauensvollen und erotisierenden Gesprächen. Da war das Trinken gerade der richtige Animator, der totale Suff hätte die Szene geschmissen. ... Das Abenteuer, einer Frau zu begegnen, der man sich beweisen wollte, die einen reizte, und sei es nur für ein, zwei Stunden oder manchmal für eine Nacht, konnte ich nicht oft genug wiederholen. So gesehen, bin ich nicht nur ein Alkoholiker, sondern auch ein Erotomane.«

Der ganze Juhnke steckt in diesen locker hingeplauderten Sätzen; die Lust und der Zwang, sich beweisen zu wollen; die nicht abzustellende Motorik des Entertainers, der auch im Bett seine Nummern durchzieht; die Tragikomödie des Mannes, der sich selbst in der Distanz des ewigen Rollenspiels erlebt.

Heute macht er nicht nur für Milkshakes Werbung, sondern auch, dem Alter angemessen, für eine exotische Wunderdroge mit dem Elixier der brasilianischen Guarana- und Curcuma-Pflanze, »deren blau-rote Energie die Kraft tausendjähriger Natur« verspricht. Auf der Anzeige sieht man den grauhaarigen Entertainer, mit Fliege und Smoking, neben einem halbnackten jungen Liebespaar. Es handele sich lediglich um ein auf dem österreichischen Markt angebotenes Vitaminpräparat, wiegelte Juhnkes Management ab. Von potenzfördernden Nebenwirkungen sei nichts bekannt. Das hat man häufiger schon erlebt: Juhnke sagt oder unternimmt etwas, und nachher folgt ein Dementi, weil eine Imageschädigung befürchtet wird. Seltsame Bigotterie: Warum sollte Juhnke nicht für ein Sexmittelchen werben, nach all den Exzessen, Skandalen und Geständnissen; es sei denn, daß er partout nicht mit seinem realen Alter konfrontiert sein will. Und möglicherweise hat der Überbeschäftigte auch wieder einmal nicht darauf geachtet, was für einen Werbevertrag er gerade unterschrieb.

Nach einer Untersuchung des Münchner IMAS-Instituts, bei der die sogenannten Werbewerte von Prominenten ermittelt wurden, könnte Harald Juhnke mit Abstand

Mit allen Wassern gewaschen

am besten für Alkohol werben; Produkte wie Fruchtsaft, Textilien, Autos oder Waschmittel haben mit ihm nur geringe Erfolgsaussichten. Bei dem gleichzeitig ermittelten »Persönlichkeitsprofil« führen die Eigenschaften *humorvoll, lässig, warmherzig* Juhnkes Tabelle an; *jugendlich* und *sexy* liegen ganz am Ende der Skala. Fazit der in der *Woche* veröffentlichten Studie: Das »humorvolle« Wesen und die alkoholische Kompetenz verweisen auf eine »beträchtliche Eignung für Geselliges«.

Zu Harald Juhnkes 65. Geburtstag richteten ARD und ORF eine Gala aus. Die Sendung wurde in Wien aufgezeichnet, wo sich Juhnke stets wohlgefühlt hat. Die Geburtstagstorte war gekrönt von einer Pyramide von 65 Mineralwasserflaschen aus aller Herren Länder. Juhnke schlürfte Wasser wie bei einer Weinverköstigung. Gipfel souveräner Selbststilisierung: Wenn Juhnke ein Glas an die Lippen setzt, wird es zum Ereignis. Handelt es sich um ein Glas Wasser, so bleibt der Beigeschmack von Champagner oder Wein. In der Öffentlichkeit ist er immer der *trinkende Vagabund* – auch wenn er keinen Alkohol trinkt. Der Unterhaltungseffekt ist beinahe der gleiche. Juhnke bringt das Kunststück fertig, Abstinenz als Shownummer zu kultivieren. Die Unterlassung, das Nicht-Ereignis wird zur spektakulären Tat. Das macht ihm keiner nach – den alkoholfreien Trinker. Juhnkes jüngster Werbespot für einen Milch-Mix kokettiert wieder mit dem nicht sehr glaubwürdigen Versprechen der Abstinenz. Harald hat sein Saufen nie versteckt. Diese Offenheit mögen die Leute an ihm, sagt Katharina Thalbach, Juhnkes Regisseurin bei der Theateraufführung des *Hauptmann von Köpenick*: »Deshalb liebt die Nation ihren Juhnke und nicht Günter Pfitzmann.«

Etwas ist in Deutschland, stärker als anderswo, mit Alkohol verbunden. Das ist der Humor.

Keine Stars, kein Humor: Deutschland ist tatsächlich nur zu einem gewissen Grad kulturell amerikanisiert.

So stimmt die Gleichung auch: Wenn hierzulande einer eine komische Nummer abzieht, dann ist mit hochprozentiger Wahrscheinlichkeit Alkohol im Spiel. Ob *Werner* oder *Otto*, ob Karneval oder Stammtisch: kein Humor ohne rituelle Dröhnung. *Alkoholtümlichkeit* wäre wahrscheinlich der passende Ausdruck für diese versteifte Spielart von Komik.

Harald Juhnke fiel die Sisyphusaufgabe zu, den deutschen Humor zu repräsentieren und auch zu regenerieren. Und er hat dabei durchaus bestimmte Muster aus der Jugendzeit im Dritten Reich konserviert, um sie mit dem amerikanischen Phänotyp zu konterkarieren. Noch immer gilt ja zum Beispiel die 1944 im Angesicht der drohenden Niederlage des Dritten Reiches gedrehte *Feuerzangenbowle* als ein Klassiker der deutschen Filmkomödie. Nach der Ausmerzung der jüdischen Komiker wurde in Deutschland eine pubertär-beschwipste Lustigkeit kreiert, die sich als ausgesprochen hartnäckig erwies. Juhnke kann das Bedürfnis nach solcher Nostalgie *auch* bedienen, wie ein Schelm, der sich nichts Schlechtes dabei denkt. Jetzt erst, gegen Ende der neunziger Jahre, tauchen im deutschen Kino Komödien auf, mit unbekannten, neuen Gesichtern, die sich ihrerseits an amerikanischen oder französischen Vorbildern orientieren.

Wie man ihn auch betrachtet: Letztlich geht es bei Juhnke um das Phänomen der Zeit, der angehaltenen wie der vergehenden Zeit. Er ist, menschlich wie künstlerisch, ein grandioser Überlebenskünstler. Da gibt es einen, wirklich nur diesen einen, der souverän zwischen den Epochen schwankt und nahezu das gesamte Repertoire der vergangenen fünfzig, sechzig Jahre aufgehoben hat in der Konstanz einer Karriere, die in ihrer Zerrissenheit deutsche Verhältnisse widerspiegelt.

Anders gesagt: Diese Karriere ist auch darauf gegründet, daß hier ein Künstler mit einem unwahrscheinlichen Potential Kontinuität anbietet. Es hat etwas Versöhnliches, wie er als bald siebzigjähriges Idol für Rentner (und deren Kinder und Enkelkinder) auftritt; die *Frankfurter Allgemeine Zeitung* hat ihn einmal nicht ganz unzutreffend als »eine Art *Take That* für die Generation, die von 1968 überrollt worden ist«, bezeichnet.

Eine Zeitmaschine, die scheinbar nie kaputtgeht und sich immer wieder selbst repariert ...

Juhnkes Daten decken sich – zum Teil – mit denen beider deutscher Staaten, ganz gewiß aber decken sie sich mit der westlichen Zeitrechnung.

Er war knapp zwanzig, stand am Beginn seines Erwachsenenlebens, er war ein blutiger Theater- und Filmdebütant, als die Bundesrepublik und die DDR gegründet wurden. Er hat sich hochgearbeitet in den Fünfzigern und war in den Sechzigern ein gemachter Mann. Er hat dann gegen Ende der siebziger über seine Fernseharbeit noch einmal einen gewaltigen Sprung nach vorn getan, um sich ein weiteres Jahrzehnt später vorsichtig auf neue Felder vorzutasten – just in dem Moment, als sich in Deutschland die Verhältnisse radikal und überraschend zu wandeln begannen.

Eine solche Rechnung kann zwar nie ganz exakt sein und auch nicht frei von Zufällen. Doch die Karriere des Harald Juhnke inkarniert deutsche Geschichte augenfälliger als jede Politikerlaufbahn; Juhnke ist sein eigener Ewigkeitskanzler, und er ist sein eigener Enkel, *auferstanden aus Ruinen*.

Leben und arbeiten bis zum Umfallen – immer mit Blickkontakt zum Publikum. Eitel, wirkungsbewußt, aber auch gnadenlos professionell, bis zum letzten Atemzug. »Gäbe es in Deutschland nicht immer noch diese idiotische Trennung zwischen Kunst und Unterhaltung, die keine andere vernünftige Kulturnation aufrechterhält, dann wäre niemand erstaunt, wenn ich Harald Juhnke zu den wichtigsten und größten deutschen Schauspielern zählte«, schrieb 1994 Hellmuth Karasek.

Es gab ihn schon, den Entertainer der Kulturnation, ehe man wieder in die durchaus schwierige Lage geraten ist, über die Nation nachzudenken – eine verblüffende Schlußfolgerung. Die Juhnke-Nation war und ist der große, äußerst heterogene Verband von Fernsehkonsumenten, Zeitungslesern, Theatergängern, und sie schließt jenen gewaltigen Bevölkerungsanteil ein, den die Alkoholtrinker der unterschiedlichsten Härtegrade ausmachen. Kurz: Juhnke ist für alle da, fast alle. Wer *Harald* sagt, meint häufig *Prost!* Oder: *So ist das Leben!* Juhnke ist das Synonym für Alltag und Droge – den legalen Wahnsinn.

Und so befindet er sich längst auf dem Weg zu einer Kunstfigur. Zur endgültigen Überhebung fehlt nur noch ein Schritt: Harald Juhnke als Hauptfigur eines Theaterstücks, eines Spielfilms. Die nachfolgenden Generationen werden es realisieren, weil man an solch einem Stoff eines Tages nicht vorbeikommt. Das Thema wäre: ein nach außen hin so überaus korrekt auftretendes Deutschland und sein ehrlichster Repräsentant, ein verkrachter Hauptdarsteller. Das Verfolger-Licht fiele auf den Entertainer, der von sich sagt: »Ich bin ein totaler Mensch, ein Künstler durch und durch. Und wenn ich eines Tages tot umfalle, sollen die Leute wenigstens sagen, er war ein ganzer Mann, ein totaler Schauspieler.« Daß die disparaten Genres – die Gesellschaftsstudie, das Sittenbild, die Charakterzeichnung, der Thriller – zusammengehören, hat Milos Forman mit *Larry Flint* demonstriert; wieder einmal ein amerikanisches Vorbild, wenngleich der Regisseur aus Europa stammt. Forman, der *Amadeus*-Regisseur, erzählt hier die von unzähligen Skandalen und Prozessen begleitete Lebensgeschichte des Verlegers Larry Flint, der mit dem Pornomagazin *Hustler* ein Verlagsimperium aufgebaut und sich als Pionier der Pressefreiheit in den USA verstanden hat. *Larry Flint* gewann bei den Berliner Filmfestspielen 1997 den Goldenen Bären, just in dem Moment, als Juhnke in Hollywood ein dunkles Kapitel seiner Skandalchronik aufschlug.

Der Film *Larry Flint* liefert freilich den Beweis dafür, daß eine derart schillernde Persönlichkeit auch schon zu Lebzeiten seriös gewürdigt werden kann, über bestimmte Medien und deren Killerreflexe hinaus.

Wollte man eine solche Figur erfinden, dann dürfte man eines niemals außer acht lassen – *Juhnke* ist die Hommage eines Künstlers an sein Publikum, mit einer Hingabe bis zur Selbstentäußerung.

Mal Seifenoper, mal *Don Giovanni*: Juhnke ist Oper.

Mozarts Frevler fährt zur Hölle. Soap Operas wie *Gute Zeiten, schlechte Zeiten* laufen ins Unendliche auf der ewig gleichen Oberfläche. Juhnke kreuzt durch alle Kanäle und Ebenen.

Harald Juhnke ist Oper fürs Volk.

NUMMER 10:

Der Hauptmann von Köpenick –
Ein Denkmal wird wiederbelebt

> Die müden Schauspieler waren betrunken, sie spielten lustig, als spielten sie für sich selbst und hätten das Publikum vergessen, und dieses wiederum, unsichtbar im schwarzen Sack, lachte und brüllte gleichfalls, als geschähe es ohne jede Beziehung zur Bühne.
>
> MAXIM GORKI, SKIZZEN

Das muß der Stoff sein, aus dem Theaterintendanten ihre kühnsten Träume schneidern. Da kommt so vieles zusammen, was ganz natürlich immer schon zusammengehört hätte. Ein Schauspieler und eine Rolle, mythische Vergangenheit und brüchige Gegenwart, Ost und West.

Harald Juhnke Superstar spielt den *Hauptmann von Köpenick*. In Berlin, am Maxim-Gorki-Theater Unter den Linden, wo Preußens Gloria noch ein paar vom Sozialismus aufpolierte Restposten besitzt, wo Juhnke 1948 zum ersten Mal in seinem Leben auf einer Bühne stand. In der Regie von Katharina Thalbach, die sich im Grunde auch immer schon einem geradlinigen, burlesken, kirmeshaften Stil verschrieben hat, ob sie nun Shakespeare, Lessing oder Brecht in Szene setzte.

Volkstheater, könnte man sagen, hätte dieser Begriff nicht eine derart schlechte Karriere gemacht, daß er eigentlich nur noch zur üblen Nachrede taugt.

Volkstheater, was sonst, wenn Harald Juhnke in Berlin ein Berliner Theaterstück spielt. Für ihn gelten eigene Gesetze und Begriffe.

Auf Schritt und Tritt haben die Medien die Probenarbeit verfolgt in der gar nicht so stillen Hoffnung, daß der Hauptdarsteller sich vielleicht ja doch wieder einen

Ausrutscher leisten würde. Hatte er nicht gesagt, es sei immer dann soweit, wenn er sich richtig großartig fühle, und nicht etwa in Momenten der Depression? Und wenn schon. Und auch ganz egal: Reporter und Fotografen umlagern das Haus hinter der Neuen Wache, bewachen den Bühneneingang. Ohne Ende erscheinen Vorberichte, Interviews, Lagebeurteilungen. Beim Pressegespräch erinnert Juhnke die Journalisten an Hans Albers, der immerzu Cognac getrunken habe, und auch Werner Krauss, der »Hauptmann« der Uraufführung von 1931, habe auf der Generalprobe am Deutschen Theater seinerzeit mächtig gelallt.

Einmal, wenige Wochen vor der Premiere, tut Juhnke der Galerie dann doch den Gefallen und trinkt sich arbeitsunfähig, doch es bleibt vorerst bei dem einen Ausrutscher. Es heißt, er sei krank gewesen, doch wer glaubt ihm die Grippe, selbst wenn er im Winter splitternackt durch Berlin liefe: Man würde nach dem Alkoholgehalt in Juhnkes Hustensaft forschen ...

In dem kleinen Gorki-Theater, für das unendlich viel vom Gelingen der Produktion abhängt, haben sie die Nerven behalten und ganz einfach ohne den Hauptdarsteller weiter geprobt. Intendant Bernd Wilms wußte um das Risiko. Er wußte auch, daß er einen Profi engagiert hat.

Soviel Publicity war hier noch nie. So viele Kartenvorbestellungen hat es seit Jahren an keinem Berliner Theater gegeben. Das Maxim-Gorki-Theater richtet eine *Köpenick*-Hotline ein, die Juhnke-Karten werden nur zu bestimmten Vorverkaufszeiten abgegeben. Und dann stehen die Fans in einer Riesenschlange bis an die Straße Unter den Linden; kein Regen, kein Sturm, keine Warnung aus dem Kassenhäuschen, daß die Eintrittskarten alsbald aufgebraucht sein würden, kann die Menschen von ihrem Platz vertreiben, den sie mit Klappstuhl und Proviant behaupten. Singt hier vielleicht Pavarotti? Hat sich die Teenie-Kulttruppe *Take That* wiedervereint?

Wenn Juhnke auf der Bühne steht, wenn er seinem erlernten Beruf nachgeht, dann ist es ein bißchen so, als hätte Boris Becker noch einmal das Finale von Wimbledon erreicht. Es ist sensationell.

Sensationell normal.

Juhnke, der sich sonst bei jeder Gelegenheit nach Vorbildern streckt, interessiert sich diesmal nicht für seine berühmten Vorgänger; er will den Schuster Wilhelm Voigt ganz anders spielen als Carl Raddatz, Rudolf Platte oder Heinz Rühmann. Er mimt den eiskalten Profi, öffnet eine Stunde vor Vorstellungsbeginn einem Reporter des *Berliner Kurier* die Garderobentür. Raucht eine Davidoff. Hat einen dicken Spruch parat: »Theater ist die beste Medizin für mich.«

Der Harald Juhnke, der allen gehört, den alle duzen – nicht zu verwechseln mit dem Harald Juhnke, den selbstzerstörerische Kräfte auf den Abgrund zu treiben –, ist ein virtuoser Vertreter des ruppig-sentimentalen Berliner Humors. Über die Thalbach soll er mal gesagt haben: »Die säuft genausoviel wie ich, sie macht nur nichts draus.« Ein ähnlich lautendes Juhnke-Bonmot gibt es über Hitler: »Hätte er so gesoffen wie ich, dann hätte es das Dritte Reich nicht gegeben.« Man muß nicht Freudsche Theorien über den Witz bemühen, um zu erkennen, daß hier einer immer nur an eines denkt: sich selbst.

Die Premiere fand am 27. Januar 1996 statt. Das ist nachher eine schöne Schlagzeile und auch schon fast die halbe Kritik: Die Premiere fand tatsächlich statt. Juhnke hat nicht gelallt. Selbst die seriösen Feuilletonisten werten den Abend als gesellschaftliches Ereignis – ohne besondere Vorkommnisse. War man nicht gekommen, um mitzuerleben, wie Juhnke einen Zwischenfall provoziert? Und sprach er seinen Text nicht irgendwie verdächtig langsam? »Bißchen doll traurig, bißchen doll leise«, fand die *taz*, und der *Tagesspiegel* gratulierte der Regie zum »Sieg über die Rampensau« und dem Maxim-Gorki-Theater zu dem »Triumph«. Die ZEIT entdeckt in »Magic Juhnke« ein theatralisches Fossil: »So arm und lieb wie Wilhelm Voigt kann kein Mensch sein. Nicht einmal Harald Juhnke, obwohl: Mit seiner bibbernden Angst und seinen bebenden Anflügen von gerechtem Zorn kommt er Zuckmayers sozialromantischem Ideal eines Härtefalls schon sehr nahe.« So schreibt man über einen berühmten Schauspieler, nicht über einen berüchtigten Entertainer. So hat es Juhnke gewollt. Und am Tag nach der Premiere geht er mit der Pop-Gruppe *Extrabreit* ins Studio und nimmt den Song *Nichts ist für immer* auf. Es ist das alte Lied, recht garstig: »Die einen lecken Ärsche, die anderen zählen Geld, noch andere trinken heimlich, das ist nicht unsre Welt. Wir fallen auf die Schnauze und stehen wieder auf.«

Juhnke überrascht als Hauptmann von Köpenick. Ganz still, bedächtig, ja introvertiert legt er die Figur an. Es ist nicht so wie früher am Boulevard-Theater, daß erst einmal Harald kommt und dann lange Zeit nichts und dann irgendein Stück. Juhnke ordnet sich in das Ensemble ein, er ist das Zugpferd, aber so tritt er nicht auf. Er macht sich klein, weil dieser arme kleine Kriminelle namens Wilhelm Voigt sich unterzuordnen hat auf der untersten Stufe der wilhelminischen Gesellschaft; in billigen Kneipen, im Nachtasyl, im Knast. Keine Spur von *swinging* Harald. Vielleicht hat er daran gedacht, daß Frank Sinatra im Kino auch manchmal die armen Schweine spielte, in *Verdammt in alle Ewigkeit* oder *Der Mann mit dem goldenen Arm*; da meisterte Sinatra die Rolle eines morphiumsüchtigen Kartenspielers und Zuchthäuslers.

Katharina Thalbach, seine Regisseurin, hat ihn auf der Probe ermahnt, Klischees zu vermeiden, über das eigene Image zu springen – »Du kannst es besser als der Juhnke«. Schauspieler müssen schizophren sein: Die Feststellung ist tautologisch, und Juhnke kann immer nur einen von den möglichen Juhnkes bringen; und immer wieder einen anderen.

Schief sitzt der Hut, die Jacke ist zerschlissen, das Gesicht faltig, das Haar grau, der Schnauzbart unterstreicht die Misere. Juhnke gibt dem Ausgestoßenen, der ohne Papiere in seiner Heimatstadt herumirrt, ein traurige Würde mit auf den Leidensweg. Wäre Büchners Woyzeck alt und grau geworden, dann hätte er womöglich so ausgesehen wie dieser Schuster, der sich an den Schranken der Bürokratie die Nase blutig schlägt. Was sollte sensationell sein an diesem bettelarmen Grübler?

Freilich hat es die Regie so eingerichtet, daß die Welt, durch die das mausgraue Wesen hindurchgeht, ein lärmender, glitzernder Jahrmarkt ist, bevölkert mit skurrilen Untertanentypen, Krawallnutten und Militärverrückten. Ein Berliner Panoptikum.

Die Sensation ist einfach die, daß der Mann da oben, den man aus dem Fernsehen kennt und von den Titelseiten, mit stiller Inbrunst seine Rolle spielt in einem rechtschaffen altmodischen Stück. Denn Katharina Thalbach glaubt an Carl Zuckmayers Idee vom »deutschen Märchen«. Da entsteht ein mächtiges Heimatgefühl. Es ist weder verlogen, noch ist es kitschig. Aber es ist sehr dick, wenn die pickelhaubige Blaskapelle durch den Zuschauerraum marschiert, im Hintergrund die Alt-Berliner Bühnenbilder. Doch das alles ist nur Begleitmusik für einen Protagonisten, der sich bis zum Ende in strenger Selbstdisziplin übt. Der beweisen will, daß auch ein großer Star diese berühmte Geschichte von der Rache eines kleinen Mannes anständig und inständig erzählen kann. War er nicht selbst einmal im Wedding aufgebrochen, aus bescheidenen Verhältnissen, um in der Maske, im Kostüm des Schauspielers sein Leben in eine Laufbahn zu verwandeln, die steil nach oben führen sollte? In Zuckmayers Rührstück steckt eine Parabel auf das Theaterspiel schlechthin. Die Uniform hebt das Selbstbewußtsein. Der öffentliche Auftritt ist Juhnkes Uniform.

Alle Blicke sind auf ihn gerichtet: Und dann weiß er,

Der Hauptmann von Köpenick auf der Bühne

Der Hauptmann von Köpenick ...

... mit Katharina Thalbach bei der Premiere im Maxim-Gorki-Theater

Der Hauptmann von Köpenick im Film

Der Film-Hauptmann im Gefängnis

Während der Dreharbeiten mit Frank Beyer

Pressetermin mit Elisabeth Trissenaar

daß er Juhnke ist. Der beste aller denkbaren Juhnkes. Wie ungeheuer stark muß aber die Anspannung sein, wenn er sich der Aufgabe stellt, einen Arbeitslosen, Ausgestoßenen zu spielen, auf dem höchsten Niveau medialer Aufmerksamkeit!

Da igelt sich der Juhnke richtig ein, verschwindet in der Rolle. Und er wird zu einem Schauspieler, der, wäre er nicht Harald Juhnke, *auch* ein guter Schauspieler wäre. Aber keiner von den Übermächtigen. Juhnke ohne Juhnke, Juhnke ohne Harald, dem die ganze Nation gute Ratschläge erteilt, hätte an jedem Theater dieses Landes eine respektable Karriere hingelegt, mit einem breiten Repertoire an Rollen. Das ist das Paradox dieses Schauspielers: Juhnke mit Juhnke muß sich die Normalität der Bühne erkämpfen.

Und dann ist er einer von den Stillen im Theaterland.

Des Schusters Marsch aufs Rathaus, die Konfiszierung der Stadtkasse, die Verhaftung des Bürgermeisters absolviert dieser Hauptmann von Köpenick ohne Genuß. Vielmehr scheint ihn die dumme Uniformgläubigkeit der Beamten anzuekeln. Er ist der geborene Verlierer auch im Moment des Triumphes. Ein Häufchen Elend und Rechtschaffenheit in Paradeuniform.

In der Schlußszene bleibt er ganz allein auf der Bühne zurück. Und er tut etwas, was er gewiß noch nie getan hat.

Harald Juhnke steht mit dem Rücken zum Publikum. – Vorhang!

»Man soll sich bei meinem Hauptmann erschrecken«, hatte er vor der Premiere gesagt. Auf sein Spiel traf das zu, in einigen Momenten abgrundtiefer Melancholie und Weltvergessenheit. Doch stärker war das Harmoniebedürfnis der Regisseurin. Niemals würde sie ihr Publikum mit einem Bild der Unversöhnlichkeit entlassen. Deshalb erinnert die Juhnkesche Rückenfigur auch weniger an einen Mann am Abgrund als an das Märchen von dem Mädchen mit den Sterntalern. Von irgendwo muß Rettung kommen. Und sei es aus dem Parkett, wo sich die Zeugen einer nicht alltäglichen Theaterpremiere die Freude über einen Abend aus dem Leib klatschen, an dem der bunte Hund ein bißchen wie ein Berliner Straßenköter ausgesehen hat. So ist nun mal Theater. Eine ernste Sache. Und dann ist es vorüber.

Er hatte versprochen, die Freunde am Theater nicht im Stich zu lassen. Ende März 1996 mußte er dann doch einige »Köpenick«-Abende absagen, weil er indisponiert war. Er lag – so die Version seines Managers – mit einer Virusinfektion im Krankenhaus. Theater ist jeden Abend eine einzigartige Sache, deshalb ist es auch unverzeihlich, wenn Vorstellungen ausfallen. Und wenn der Hauptdarsteller für Vorstellungen ausfällt, die seit langem ausverkauft sind, ist das der Stoff für die schwersten Alpträume eines Theaterintendanten. Doch diesmal gab es keinen Skandal, keine Publikumsbeschimpfung, und die Schlagzeilen klangen euphorisch.

Denn es gab doch noch eine Sensation. Es fand sich eine Zweitbesetzung für Harald Juhnke, die ebenso naheliegend wie umwerfend war: Katharina Thalbach. Sie zog Schusters Klamotten an, klebte sich den Schnurrbart ins Gesicht und übernahm energisch das Kommando. Nur der Säbel des Hauptmanns war für die kleine Frau zu lang und schleifte über die Bretter. Niemand berlinert schriller und zärtlicher als Katharina Thalbach. Und es gab Juhnke-Fans, die behaupteten, sie hätten jemanden spielen sehen, der so gut wie Harald war, vielleicht sogar besser.

Die Popularität des deutschsprachigen Theaters ist in den zurückliegenden Jahrzehnten dramatisch zurückgegangen. Man kann sagen, das Sprechtheater hat sich, im Kampf um die Klassiker wie bei den Behauptungsversuchen zeitgenössischer Dramatik, auf formalästhetische, politische Neuformulierungen spezialisiert, während die im internationalen Maßstab eingerichteten Musical-Abspielstätten ein ungleich größeres Publikum anziehen. Zunehmend adaptiert das Theater jetzt Kino-Stoffe und dreht damit die früher geübte Praxis um. Es geschieht nur noch selten, daß ein Theaterstück verfilmt wird. Die großen deutschen Bühnenschauspieler spielen selten Hauptrollen im deutschen Film.

Vor diesem Hintergrund ist *Der Hauptmann von Köpenick* am Gorki-Theater eine Ausnahmeerscheinung gewesen, beinahe ein Anachronismus. Juhnkes Erfolg, der ganz einfach auch darin bestand, einer Theateraufführung wieder einmal eine breite Popularität zu schaffen, und sei es mit dem alten Stück von Zuckmayer, sucht seinesgleichen. Ein paar Monate nach der *Köpenick*-Premiere gab es an einem Berliner Theater einen ganz anders gearteten Versuch mit einem Zuckmayer-Text. Frank Castorf sezierte in seiner Volksbühne *Des Teufels General* als Lügenmärchen vom Widerstand. Den Fliegergeneral Harras spielte eine Frau, Corinna Harfouch, und die Travestie zog sich durch die gesamte Aufführung. In Castorfs Nazi-Reich waren Männer Frauen, und Frauen waren Männer – das Sittenbild eines Ufa-Operetten-Regimes, das dem Genozid (und dem Suizid) einen hohen Unterhaltungswert zubilligte.

Das ist nicht die Vorstellungswelt eines Harald Juhnke. Aber es ist das theatralische Umfeld, in dem sein *Köpenick* auch spielt. Der Blick auf die beiden Berliner Zuckmayer-Inszenierungen am Ende der neunziger Jahre zeigt die Bandbreite des Theaters. Und das radikale Beispiel des Frank Castorf erklärt aus dem Gegensatz die Popularität Juhnkes, der hier einem Schauspieler aus alten Zeiten gleicht. Als »Hauptmann von Köpenick« steht Harald Juhnke im April 1997 auch vor der Kamera, Katharina Thalbach ist auch mit von der Partie, sie spielt die Schwester des Schusters Wilhelm Voigt.

Von Wolfgang Kohlhaase stammt das Drehbuch, etwa ein Drittel der Zuckmayerschen Vorlage bleibt erhalten.

Regie führt Frank Beyer. Der offizielle Titel lautet: *Der Hauptmann von Köpenick von Carl Zuckmayer. Ein Film von Frank Beyer und Wolfgang Kohlhaase.*

Frank Beyer gehörte zu den erfahrensten und erfolgreichsten Regisseuren der Defa. Seine Filme *Nackt unter Wölfen, Karbid und Sauerampfer, Jakob der Lügner* und *Spur der Steine* (der Film mit Manfred Krug in der Hauptrolle wurde 1966 verboten und kam erst mit der Wende in die Kinos) haben DDR-Filmgeschichte geschrieben.

Beyers Plan, den *Köpenick* mit Juhnke zu drehen, ist älter als das Theaterprojekt. Man brauchte fünf Jahre, um die Produktionskosten zusammenzubringen, die mit vier Millionen Mark eine für deutsche Fernsehproduktionen ungewöhnliche Höhe erreichten. Fünf ARD-Anstalten unter Federführung des Norddeutschen Rundfunks haben diese Koproduktion mit dem österreichischen und Schweizer Fernsehen veranstaltet. Jedoch wäre die Produktion ohne die finanzielle Beteiligung von *Premiere* nicht zustande gekommen. Das ist der Privatsender, der Harald Juhnke Anfang 1997 nach Las Vegas schicken wollte. *Premiere* sicherte sich das Recht der Erstausstrahlung für die Abonnenten des verschlüsselten Kanals bereits im Sommer 1997, lange vor dem Sendetermin der ARD am 27. Dezember 1997, was ein Schlaglicht auf das Zurückweichen der öffentlich-rechtlichen Anstalten vor den Privatsendern wirft und auch auf Juhnkes USA-Affäre.

Premiere war verständlicherweise an einem handfesten Skandal nicht im geringsten gelegen, wie auch der ARD nicht, die ihren Boykott gegen Harald Juhnke in Windeseile wieder aufgehoben hatte. Die Verflechtung der finanziellen Interessen erweist sich im nachhinein als derart eng, daß es sich bei dem Zwischenfall von Los Angeles und seiner Veröffentlichung lediglich um einen Betriebsunfall handeln konnte, ganz unabhängig davon, was Juhnke im Vollrausch gesagt und getan hat. Niemand hatte die Absicht, eine Mauer zwischen dem Star und seinem Publikum zu errichten. Und dann war sie ja auch blitzschnell wieder weggerissen. Die *Köpenick*-Verfilmung kam vor allem Juhnke selbst zugute; nicht auszudenken, was geschehen wäre, wenn er das Projekt endgültig hätte absagen müssen, nachdem der Drehbeginn aus einschlägigen Gründen bereits einmal um ein halbes Jahr verschoben worden war.

Film ist Krieg, hat Samuel Fuller gesagt. Fototermin im Rathaus Köpenick. Am Originalschauplatz. Krieg herrscht nicht, aber Belagerungszustand. Eine Bezirksangestellte erklärt den Passanten mit grobkörnigem Berliner Humor, weshalb man die Bronzestatue des Schusters Wilhelm Voigt vor dem Eingang zum Rathaus entfernt hat: »Wegen die Dreharbeiten war det. Weil det Denkmal damals noch nicht jestanden hat.« Im Zimmer des Bürgermeisters drängen sich gut fünfzig Fotografen und Kameraleute vom Fernsehen. Am Set die Schauspieler Elisabeth Trissenaar, Udo Samel und Harald Juhnke. Nach zehn Minuten geht Juhnke zum Mittagessen, der Schaubühnen-Star Samel, der den Bürgermeister Dr. Obermüller spielt, und seine nicht minder bekannte Filmgattin Elisabeth Trissenaar bleiben zurück; für sie interessiert sich jetzt gerade niemand. Alle warten, bis Juhnke wieder erscheint.
Eine kurze Pressekonferenz, ein Stehkonvent wird improvisiert.
Frage: »Herr Juhnke, warum machen Sie jetzt Werbung für Müller-Milch?«
Juhnke: »Es gibt ziemlich viel Geld dafür. Offenbar hat mich die Werbung entdeckt.«
Frage: »Werden Sie die Dreharbeiten durchhalten?«
Juhnke: »Warum soll ich nicht durchhalten? Den Fallada habe ich auch durchgehalten.«
Frage: »Ist der Köpenick noch aktuell?«
Juhnke: »Diese Obrigkeitshörigkeit gibt es ja immer noch, besonders in schwierigen Zeiten, wenn es den Leu-

ten schlecht geht. Jede Generation hat ihren Köpenick hervorgebracht.«

Auf die Frage, ob für Juhnke eine spezielle Betreuung vorgesehen sei, hat der Produzent Klaus-Dieter Zeisberg von Hanover-Film geantwortet, die spezielle Betreuung für Herrn Juhnke bestehe aus einem guten Arbeitsklima und einer tollen Rolle.

Frank Beyer erlebt den Star als einen »uneitlen, hochprofessionellen, disziplinierten« Schauspieler. Während der dreißig Drehtage in Wolfenbüttel, Hamburg und Berlin gibt es keine Probleme. Beyer hat auch die anderen Rollen hochkarätig besetzt. Neben Juhnke, Samel, Thalbach und Trissenaar wirken Sophie Rois von der Berliner Volksbühne, Hermann Beyer vom Berliner Ensemble, Götz Schubert vom Deutschen Theater Berlin und Rolf Hoppe mit. Hoppe spielt den Gefängnisdirektor, der seinem Schützling Voigt immerzu »gute Führung« bescheinigt.

Im Rathaus Köpenick ist das Leben anno 1997 nicht viel anders als in dem Film mit seinen historischen Kostümen der Kaiserzeit. Trostlos, von auswegloser sozialer Härte. Wenige Schritte vom Set entfernt, auf den dunklen Fluren des Sozialamts, ist es ganz still und übervoll, im Halbdunkel warten gedrückte Gestalten darauf, vorgelassen zu werden. In der Eingangshalle werden Blumen ausgestreut für ein Brautpaar.

Und Harald Juhnke stellt sich jetzt noch für die Fotografen auf die große Treppe im dem Backsteingotik-Bau. Blitzlichtgewitter, Stimmengewirr. Herr Juhnke, bitte nach rechts schauen, nach links. Der Mann mit dem tieftraurigen Gesicht hinter dem Seehundschnauzer hat alle Geduld dieser Welt.

Harald, noch mal die Hand an die Mütze, ruft aus dem Fotografenpulk eine weibliche Stimme mit starkem Berliner Akzent.

Und Harald nimmt mechanisch Haltung an und salutiert.

Irgendeine Kleinigkeit erinnert in diesem Moment an Dustin Hoffman, jenen Dustin Hoffman, der am Broadway und in Volker Schlöndorffs Verfilmung den *Tod eines Handlungsreisenden* von Arthur Miller gespielt hat. Es ist ein unerklärlicher, wahrscheinlich auch ein unangemessener Vergleich, so wie alle Vergleiche von Schauspielern und ihren Geschichten erst in die Irre und dann zuweilen doch zum Ziel führen. Es ist vielleicht nur wieder eine Assoziation und noch einmal unwillkürlich der Versuch, einen Schauspieler zu adeln, der immerzu selbst nach den Sternen greift.

In dem Moment strahlt Harald Juhnke eine Würde aus, eine entrückte Trauer, die an das große menschliche Schauspiel erinnert. Er scheint auf den Grund seiner Rolle abgesunken zu sein. Ein Denkmal steht da, und es bewegt sich.

Oder war es die Erschöpfung nach einem langen Drehtag, was da, wie ein Stück von seiner Seele, sichtbar wurde – die Erschöpfung eines Mannes, der zu tief und zu lange in die Kamera blickt?

Frank Beyer inszenierte eine Tragikomödie, wobei der Akzent auf Tragik liegt. Intensiver, eindringlicher noch als im Theater zeigt Juhnke den Verlierer; den kleinen Mann, der keine Chance hat. Wie ein Karl Valentin, so läuft er sich die Hacken ab nach Arbeit und Papieren, nach Liebe und Brot; ein Schlaks, den das Elend zum verzweifelten Fragezeichen umgebogen hat.

Juhnke hat den Mut, auf Klischees und Effekte zu verzichten. In den Close-Ups sieht man einen unendlich traurigen, vom Alter und Schicksal gezeichneten Schuster Wilhelm Voigt, der sich seiner Tränen nicht schämt. So sehr geht er in dieser Rolle auf, daß man unwillkürlich nach Harald Juhnke zu suchen beginnt. Ist das der Mann, den sie den größten deutschen Entertainer nennen? Er ist es, und die Verwandlung raubt einem den Atem.

Mit dem *Köpenick* bewahrheitet sich noch einmal, was Juhnkes Freunde und Kollegen sagen und wofür er selbst seit langem kämpft: Wenn er gefordert ist, wenn er die Rollen spielt, die seiner einzigartigen schauspielerischen Begabung gerecht werden, dann ist auf ihn Verlaß. Dann stürzt er nicht. Dann trägt ihn die Kunst.

Mag sich das Shakespeare-Wort erfüllen, das Harald Juhnke mit seinem unübertrefflichen Sinn für Wirkung gern und häufig im Munde führt: *Ich will mit Kunst die Ausschweifungen lenken.*

Literaturverzeichnis

Bernhard, Thomas: Der Schein trügt, Frankfurt 1983
Beyer, Friedemann: Die Gesichter der UFA, München 1992
Borges, Jorge Luis: Das Buch von Himmel und Hölle, München 1993
Brecht, Bertolt: Über Kunst und Politik, Leipzig 1977
Burroughs, William S.: Junkie, Frankfurt 1982
Campbell, Ken: Mr. Pilks Irrenhaus, Frankfurt 1988
Capote, Truman: Ich bin schwul. Ich bin süchtig. Ich bin ein Genie, Zürich 1986
Crepon, Tom: Leben und Tode des Hans Fallada, Hamburg 1981
Fallada, Hans: Der Trinker, Hamburg 1995
Fitzgerald, F. Scott: Der Knacks, Berlin 1984
Goetz, Rainald: Krieg, Frankfurt 1986
Herrwerth, Thommi: Itsy Bitsy Teenie Weenie, Die deutschen Hits der Sixties, Marburg 1995
Hoffmann, Hilmar u. Schobert, Walter (Hrsg.): Zwischen Gestern und Morgen, Westdeutscher Nachkriegsfilm 1946–1962, Frankfurt 1989
Holder, Deborah: Frank Sinatra, I did it my way, München 1995
Juhnke, Harald: Alkohol ist keine Lösung, München 1982
Juhnke, Harald: Na wenn schon, München/Berlin 1987
Juhnke, Harald: Was ich Ihnen noch sagen wollte, München 1996
Jürgs, Michael: Der Fall Romy Schneider, München/Leipzig 1991
London, Jack: König Alkohol, München 1996
Luft, Friedrich: Die Stimme der Kritik, Stuttgart 1979
Luft, Friedrich: Zehn Jahre Theater, Das Schloßpark-Theater Berlin 1945–1955, Berlin 1955
Minetti, Bernhard: Erinnerungen eines Schauspielers, Stuttgart 1985
O'Brien, John: Leaving Las Vegas, München 1996
Olivier, Laurence: Bekenntnisse eines Schauspielers, München 1985
Osborne, John: Der Entertainer, Frankfurt 1989
Riess, Curt: Gustaf Gründgens, Freiburg 1988
Schleef, Einar: Droge Faust Parsifal, Frankfurt 1997

Schmidtbauer, Wolfgang u. vom Scheidt, Jürgen: Handbuch der Rauschdrogen, Frankfurt 1996
Scholz, Bubi: Der Weg aus dem Nichts, Frankfurt/Berlin/Wien 1982
Simon, Neil: Komödien 2, Frankfurt 1995
Söhnker, Hans: ... und kein Tag zuviel, Frankfurt/Berlin/Wien 1976
Stave, Gabriele u. Ludwig, Rolf: Nüchtern betrachtet, Berlin 1996
Tosches, Nick: Dino, New York 1992
Witte, Karsten: Lachende Erben, Toller Tag. Filmkomödie im Dritten Reich, Berlin 1995

Bildnachweis

Alex Reuter, Berlin: S. 211, 212, 214
David Baltzer/Sequenz, Berlin: S. 141, 142, 146, 189 (4), 209, 210 (oben)
Horst Berghäuser, Berlin: S. 51, 77, 145, 149, 158, 195, 199, 210 (unten)
Marco Limberg, Xpress Agentur der Fotografen: S. 213 (2)
POP-EYE / Morlok: S. 35 (3), 101
Ullstein Bilderdienst, Berlin: S. 2 (Breuel-Bild), 17, 26 (amw Pressedienst GmbH), 39 (RICH), 52 (Berlin-Bild), 57 (Chris Michaelis, oben), 57 (Christian G. Irrgang, unten), 65 (Ursula Bunk), 73 (amw Pressedienst GmbH), 83, 89 (Peter Rondholz), 100, 107, 111 (European & Oversea), 117 (Erika Heinemann), 119 (Ursula Röhnert), 120 (Pavel Sticha), 121 (Stephan Schraps), 131 (Detlev Moos, oben), 131 (Pressefoto Kindermann, unten), 153 (Telebunk), 157 (P/F/H), 161 (Erika Rabau), 169 (Inter-Topics GmbH), 173 (Inter-Topics GmbH), 177 (Inter-Topics GmbH), 179 (s.e.t. Photoproductions)

Register

Adorf, Mario 108
Albers, Hans 36, 81, 92, 95, 112f., 204f.
Alexander, Peter 118, 120 (Abb.), 133
Allen, Woody 180
Andrejew, Leonid 136
Arent, Eddi 118, 180
Armstrong, Louis 123
Astaire, Fred 66
Ayckbourn, Alan 142

Bacall, Lauren 177
Backus, Gus 88
Baranowski, Henryk 136
Barbier, Celia 69
Barlog, Boleslav 92, 94
Baum, Vicki 83
Baxevanos, Chariklia 37, 58f.
Beatty, Warren 42
Bécaud, Gilbert 120
Becher, Johannes R. 162
Becker, Boris 10, 206
Beckett, Samuel 130
Benrath, Martin 150
Berndt, Fred 135
Beyer, Frank 218, 220, 221
Beyer, Hermann 220
Bishop, Joey 177
Black, Roy 186, 196
Boccelli, Andrea 8

Boeser, Knut 128
Boettcher, Grit 117
Bogart, Humphrey 47, 70, 177
Böhm, Karlheinz 123
Bois, Curt 90, 97f., 135
Bondy, Luc 147
Brando, Marlon 56, 70
Brandt, Willy 55
Brauner, Arthur 115
Brecht, Bertolt 40, 45, 84, 95
Brel, Jacques 192
Bremer, Heiner 22
Brice, Pierre 113
Brightman, Sarah 8
Bubis, Ignatz 26
Buchholz, Horst 108
Buhre, Traugott 144
Burton, Richard 47

Cage, Nicolas 15
Capote, Truman 21
Carreras, José 190
Caspar, Horst 91, 92, 93
Castorf, Frank 29, 40, 81, 217
Chaplin, Charles Spencer 80
Chevalier, Maurice 154
Chruschtschow, Nikita 178
Clinton, Bill 12, 164
Colbert, Claudette 170
Coward, Noel 94
Crepon, Tom 154

Davis, Sammy jr. 175ff., 181
De Gaulle, Charles 178
de Kowa, Victor 99, 102
Dehne, Kirsten 144
Deichsel, Wolfgang 135
Deltgen, René 113
Deutscher, Drafi 184ff.
Diepgen, Eberhard 26, 45, 84, 166
Dietl, Helmut 151,152
Dietrich, Marlene 84, 170, 183
Döblin, Alfred 83, 153
Dole, Bob 12
Domingo, Placido 190
Douglas, Michael 164
Drury, Ian 187

Eichinger, Bernd 41
Eisenhower, Dwight D. 178
Esche, Eberhard 158
Everding, August 42
Extrabreit 207

Fairbanks, Douglas 81
Fallada, Hans 98, 150. 152ff., 157, 160ff., 192
Fassbinder, Rainer Werner 91, 153
Fehling, Jürgen 91
Feltus, Barbara 11
Ferrell, Robert 22,24,25,27,28,88
Figgis, Mike 16
Fitzgerald, Scott 56
Flatow, Curt 144,145
Flick, Karl Friedrich 62

Fontane, Theodor 156
Foreman, George 8, 20
Forman, Milos 202
Forst, Willy 41
Francesco, Silvio 66
Francis, Conny 88
Frankenfeld, Peter 62,64,112,115
Friedrichsen, Uwe 135
Fritsch, Willy 84
Froehlich, Carl 102
Fuchsberger, Joachim 115, 166f.
Funk, Werner 28

Gable, Clark 47, 92, 170
Garbo, Greta 170
Gardner, Ava 103
Gasser, Gaby 64
George, Götz 150, 153 (Abb.), 183
Gerlach, Peter 66
Gerster, Johannes 26
Glas, Uschi 50,78
Glotz, Peter 12
Goetz, Rainald 144
Göring, Hermann 95
Gottschalk, Thomas 121
Götz, Curt 64
Graf, Steffi 10
Grant, Hugh 187
Grashof, Christian 158
Gremm, Wolf 114
Groß, Walter 55
Grüber, Klaus Michael 106, 140
Gründgens, Gustaf 95, 132f.
Gruner, Wolfgang 99

Guitry, Sacha 147
Gunsch, Elmar 66

Harfouch, Corinna 217
Harvey, Lilian 170
Hasenclever, Walter 122
Hasse, O.E. 94f.
Heesters, Johannes 120
Heino 66
Held, Martin 55, 133
Heller, André 166ff.
Henrichs, Benjamin 113
Henscheid, Eckhard 188
Hepburn, Katherine 171
Herbst, Jo 90
Herrwerth, Thommi 185
Hildebrandt, Regine 165
Hill, Virgil 8
Hilpert, Heinz 132
Hoffman, Dustin 221
Hoffmann, Klaus 126
Hoger, Hannelore 143
Holm/Abbott 94
Honecker, Erich 36
Hoppe, Marianne 171
Hoppe, Rolf 220
Hörbiger, Christiane 150
Höss, Dieter 66
Hubschmid, Paul 68
Hudson, Rock 174
Huettner, Ralf 164

Ihering, Herbert 97

Jackson, Michael 187
Jannings, Emil 41, 84

Jauch, Günther 31
Jelzin, Boris 45
Jewtuschenko, Jewgeni 76
Jugo, Jenny 171
Juhnke, Herbert Hermann
 Heinrich 82
Juhnke, Margarete 82
Juhnke, Oliver 19, 24f., 56,
 57 (Abb.)
Juhnke, Peer 47, 55, 57 (Abb.),
 167
Juhnke, Susanne (geb. Hsiao)
 56, 57 (Abb.), 58, 72, 75f.,
 126
Jürgens, Curd 108
Jürgens, Udo 120
Jürgs, Michael 59

Karasek, Hellmuth 202
Kästner, Erich 83, 90
Kaufmann, Deborah 158
Käutner, Helmut 92
Kaye, Danny 97
Kean, Edmund 148
Kennedy, John F. 168, 172, 178
Kennedy, Patricia 178
Kennedy, Robert 172
Kessler, Alice 123
Kessler, Ellen 123
Kielholz, Prof. Paul 68, 148, 150
Kinski, Klaus 99
Kirchner, Alfred 144
Klingenberg, Gerhard 128,
 134ff.
Knef, Hildegard 89, 115, 193
Kohl, Helmut 11

Kohlhaase, Wolfgang 217
Kohout, Pavel 153
Königin Beatrix 68
Körner, Dietrich 158
Kortner, Fritz 95, 96
Kracauer, Siegfried 81, 82
Kraus, Peter 108, 192
Krauss, Werner 205
Kroetz, Franz Xaver 152
Krüger, Hardy 108

Langhoff, Wolfgang 90
Larbey, Bob 137
Lawford, Peter 177f.
Leander, Zarah 102, 170
Lewis, Jerry 174
Lichtenhahn, Fritz 135
Lindenberg, Udo 76
Lingen, Ursula 111 (Abb.)
London, Jack 37
Lothar, Susanne 142
Ludwig, Marlise 93ff., 99
Ludwig, Rolf 96ff.
Luft, Friedrich 95, 134, 137f.
Lukas, George 87
Lummer, Heinrich 165

MacLaine, Shirley 177
Madonna 41f.
Mann, Heinrich 41
Mann, Thomas 83
Martin, Dean 66, 70, 75, 174, 176ff., 181
Martin, Karl Heinz 95
Maske, Henry 7, 8ff.
Mathieu, Mireille 120

Matthau, Walter 162
May, Gisela 150
McDonald, Jeanette 171
Meisel, Kurt 167
Meyen, Harry 59ff., 64, 67, 145
Meyer-Burckhardt, Hubertus 24f.
Milland, Ray 16
Miller, Arthur 221
Millowitsch, Willy 115
Milva 127
Minelli, Liza 38
Minetti, Bernhard 61, 80, 91, 106, 129, 145
Mo, Billi 88
Molnar, Franz 95
Momper, Walter 166
Mueller-Stahl, Armin 40
Mühe, Ulrich 150
Müller, André 104, 181
Müller, Gerd 196
Müller, Heiner 40, 76, 81
Myhre, Wencke 120

Nestriepke, Siegfried 102
Neuenfels, Hans 128
Nixon, Richard 172
Nosbusch, Desirée 68

O'Neill, Eugene 94, 137ff.
Ochsenknecht, Uwe 150
Olivier, Laurence 130, 133
Osborne, John 129ff., 134
O'Brien, John 16

Pavarotti, Luciano 190
Peymann, Claus 106, 140, 144
Pfitzmann, Günter 66, 121 (Abb.), 133, 200
Piel, Harry 81f.
Pirandello, Luigi 49, 103
Platte, Rudolf 206
Plenzdorf, Ulrich 155, 160
Powell, Eleanor 171
Prader, Felix 147
Presley, Elvis 88, 177
Priestley, John 94
Prinz Claus 68

Quadflieg, Will 129

Raddatz, Carl 206
Rademann, Wolfgang 116, 118
Radunski, Peter 26
Raeck, Kurt 128
Rakete, Jim 126
Reagan, Nancy 172
Reagan, Ronald 164, 172
Reemtsma, Jan Philipp 34
Remarque, Erich Maria 83
Reza, Yasmina 147
Richardson, Tony 132
Riddle, Nelson 84
Riess, Curt 132
Rocchigiani, Graciano 9, 196
Rodenberg, Hans 94f.
Rois, Sophie 220
Rökk, Marika 112, 171
Rolling Stones 190
Rosenthal, Hans 112

Rühmann, Heinz 206

Samel, Udo 147, 219, 220
Sander, Otto 142f.
Saroyan, William 92, 94
Sasse, Heribert 128
Schäuble, Wolfgang 11
Schinkel, Karl Friedrich 156
Schleef, Einar 9, 29
Schlingensief, Christoph 29
Schlöndorff, Volker 221
Schmidt, Willi 91
Schneider, Romy 59
Scholz, Bubi 10, 53, 55, 115, 196
Schöne, Barbara 120 (Abb.)
Schröder, Ernst 147
Schröder, Gerhard 165f.
Schubert, Götz 220
Schubert, Heinz 135
Schulz, Axel 20
Schumacher, Michael 10
Seeßlen, Georg 109
Seyferth, Wilfried 103
Shaw, George Bernhard 94
Siddig, Nicolai A. 27
Siegfried und Roy 18, 20
Simon, Neil 144ff.
Simonischek, Peter 147
Simpson, O.J. 12, 187
Sinatra, Frank 18f., 36, 38, 60, 66, 70, 72, 80f., 84, 103, 127, 162, 168ff., 175ff., 207
Söhnker, Hans 92, 93, 171
Sonntag-Wolgast, Cornelia 26
Speranza, Dina 76

Spiegel, Sam 54
Spier, Wolfgang 144, 180
Springer, Axel Cäsar 152
Stallone, Sylvester 9
Stein, Peter 128, 140
Steinbeck, John 94
Stoiber, Edmund 167
Strauß, Botho 29
Strauß, Franz Josef 166ff.
Stroux, Karl Heinz 95
Süskind, Patrick 151f.

Thalbach, Katharina 76, 81, 150, 200, 204, 206ff., 210 (Abb.), 217, 220
Tic Tac Toe 186, 188, 192
Toelle, Tom 159
Tracy, Spencer 171
Treff, Alice 107 (Abb.)
Trenjow, Konstantin 94
Trissenaar, Elisabeth 219f.
Turrini, Peter 70, 143
Tyson, Mike 8

van Bergen, Ingrid 136
van Eyck, Peter 108
Vollmer, Antje 26
von Sternberg, Josef 84
Voppe, Michael 21, 23ff.
Voss, Gert 80, 147

Wachowiak, Jutta 158
Wagner, Alexander 135
Waigel, Theo 13
Wameling, Gerd 147
Wecker, Annik 193

Wecker, Konstantin 191ff.
Weigang, Christiane 72, 74f.
Weill, Kurt 45, 84
Wendlandt, Horst 102
Werden, Sybil 55
Werner, Ilse 92, 150
Wiebel, Martin 152f.
Wiegelmann, Liane (d.i. Lee) 186ff.
Wilder, Billie 16
Wilder, Thornton 95
Wildgruber, Ulrich 80
Williams, Tennessee 94
Wilms, Bernd 205
Witte, Karsten 170
Wohlbrück, Adolf 170
Woitkewitsch, Thomas 127
Wolf, Peter 25, 78
Wölffer, Hans 84
Wolke, Manfred 8
Woron, Andrzej 78
Wrede, Andreas 25
Wussow, Klaus Jürgen 31
Wuttke, Martin 40, 80

Zadek, Peter 140ff.
Zeisberg, Klaus Dieter 220
Zuckmayer, Carl 94f., 208